탄자니아에서의
속삭임

탄자니아에서의 속삭임

김선호 지음

한국학술정보

지난 2011년 3월 봄날, 한국국제협력단 탄자니아 모로고로 농촌 종합개발사업(2011~2013)의 사업관리자(Project Manager)로서의 책임을 맡게 되어 아프리카 탄자니아로 2년여간의 긴 사업여행을 떠나게 되었다. 여행이라기보다 아프리카인과 같은 삶을 살게 되었다는 표현이 맞을 것 같다.

아프리카에서의 삶은 마치 하나님이 천지창조하실 무렵의 세상처럼 무질서하고도 혼돈스러워 그 속에 있는 인간들의 삶 역시 쉽지 않음을 느낄 수 있었다. 아프리카 대륙의 유럽 식민지시대 이후 아프리카 사람들에게 남겨진 서양의 법과 제도는 안 그래도 사회적인 삶에 익숙지 않은 그들의 삶을 더욱 힘들게 한다.

사업시행 과정에서 내게 온 어려움은 예전에 경험하였던 아시아나 남미 대륙의 정서와는 전혀 달랐다. 매일 도전해오는 크고 작은 고난과 씨름하면서 나는 많이 지쳐갔다. 난 매일 회복되어야 했고 새로운 힘이 필요했다. 그렇지 않으면 내게 주어진 사명을 감당할 수 없는 너무도 나약한 존재임을 깨달았기 때문이다. 평소 잘 안 하던 기도를 새로운 마음으로 다시 시작해야만 했다. 아침 새벽 산책시간에, 사무실에서 일하다, 그리고 잠들 때 하나님과 속삭이듯 기도했다. 상황이 더욱 어려워지니 내가 출석하고 있는 영신교회 이영무 담임목사님과 성도님들 그리고 모로고로 현지 선교사님들께도 기도를 부탁하였다.

책을 쓰게 된 동기는 이렇다. 나의 속삭이는 듯한 기도까지도 들어주신 하나님께 감사를 드리고 싶었다. 그리고 나의 속삭임에도 응답하시는 하나님의 역사가 우리네 긴 인생에 예기치 않게 다가올지도 모르는 고난을 이겨내는 데 얼마나 큰 힘과 위로가 될 수 있는지를 알리는 것도 의미 있는 일이라 생각했다.

제1부에서는
아프리카 탄자니아 대자연에서 받은 인상과 평범한 사람들의 종교적인 삶을 소개하였고,
제2부에서는
이곳 탄자니아에서의 일상생활과 일을 통하여 만난 사람들과 부딪치면서 겪은 느낌 등을 그렸으며,
제3부에서는
필자가 맡은 사업 중 마을 주민들과 함께 빈곤해결을 위해 노력

한 이야기를 언급하였고,

제4부에서는

내게 고난을 가져다준 일들로 어려움을 겪고 있을 때 잠시나마 감사했던 순간들을 되돌아보았으며,

제5부에서는

혼자 힘으로 감당하기 어려울 때 하나님께 속삭였던 날들의 이야기를 적었으며,

제6부에서는

아름다운 영혼들과의 만남을 통하여 위로와 새 힘을 얻었음을 고백하였다.

끝으로 탄자니아 체재기간 동안 기도와 격려를 아끼지 않으신 영신교회 이영무 목사님, 이 책이 나오기까지 감수와 수고하여 주신 한국학술정보(주) 이주은 대리님 그리고 김혜림 씨에게 감사드린다.

또한 기나긴 세월 동안 가족사랑을 빼앗긴 소중한 나의 아내 이외선 씨, 큰딸 혜빈이, 작은딸 혜인이 그리고 필자를 위해 밤낮으로 기도해주신 나의 어머니 김경숙 권사에게 이 책을 통하여 사랑을 조금이라도 드리고 싶다.

2013년 10월 탄자니아 모로고로에서

1부

천지창조 시대의 삶

탄자니아의 유명한 휴양지인 잔지바르 섬의 뱃사공

축복의 대평원

탄자니아는 땅이 넓고 광활하다. 우리나라와 인구는 비슷한데도 땅은 우리에 비해 약 8배나 큰 국토를 갖고 있다.

탄자니아는 큰 국토 대부분이 비가 적은 건조한 기후를 갖고 있는 사바나 지역의 대평원으로 이루어졌다. 대평원이다 보니 인간의 기본적인 생활에 필요한 식수확보가 어렵다. 식수조차 구하기 어려우니 식량을 위해 농사지을 물 확보는 더욱 쉽지 않다. 강수량도 부족한데다가 댐이나 저수지를 만들 수 있는 여건이 될 수 있는 산악지형들이 많지 않기 때문이다.

그럼에도 아프리카는 코끼리, 기린, 사자, 누떼, 하마 등 야생동물들의 광범위한 서식지가 전국에 퍼져 있다. 탄자니아는 동물들이 집단으로 서식하는 곳을 국립공원으로 지정해놓았다. 우리에게도 친숙

한 이름의 세렝게티 국립공원이 탄자니아와 케냐 국경을 사이에 두고 위치해 있다. 탄자니아에서만 사자의 공격만으로 일 년에 백여 명이

▼ 푸른 초장에서 유목 생활하는 마사이족

넘는 사람들이 희생된다니 과연 동물의 천국인 아프리카답다.

오랜 세월 동안 목축을 생업으로 하여 이동하며 살아가는 마사이족들의 삶도 이 야생동물의 이동과 밀접하게 연관되어 있다. 마사이족들이 주로 사육하는 동물은 소와 염소 그리고 양이다. 끊임없이 이

어지는 대평원에 사람과 동물이 공존하며 이동의 삶을 살아가고 있으니 대평원, 동물, 그리고 사람이 합치된 공동운명체의 삶이라고 볼 수 있다.

탄자니아에 도착한 첫해 차를 타고 모로고로에서 북쪽 킬리만자로 산이 있는 아루샤 시까지 달렸다. 9시간 이상을 달려서야 드디어 아루샤 시에 도착할 수 있었다.

달리는 차창 밖으로 보이는 것은 메마른 지역에 말없이 서 있는 관목과 풀, 갖가지 형상의 흰 구름, 그리고 끝없이 이어져 있는 넓은 대지의 지평선뿐이었다.

한없이 작은 점보다도 작은 나를 느낀 점을 글로 표현하여 영신교회 이상춘 장로에게 이메일로 전한 적이 있다. 그는 내 글을 읽고 아래와 같이 답장을 주었다.

"산 아래 존재하는 나의 모습이! 높이 오르면 오를수록 작아지기 때문이라는 표현이 정답인 것 같아요. 어쩜 펼쳐진 파노라마에 나의 존재는 아주 작은 세미한 점으로도 표현이 어렵겠지요."

"그 넓은 곳이 주님의 품이라 생각됩니다. 오늘도 나의 모습을 주님의 그 넓으심에 묻어버리는 하루를 기원합니다."

나는 이상춘 장로의 답글을 읽고는 잔잔한 은혜를 받았다. 한없이 넓은 탄자니아 대평원에 점보다도 작고 보잘것없는 내가 안겨야 할 그곳이 바로 하나님의 따뜻한 품임을 깨닫게 되었다. 이후 나는 하나님의 그 품에 안겨 위안을 얻을 수 있도록 해달라고 기도했다.

하나님이 빚으시어 만든 아프리카인들에게도 광활한 대지를 허락해주셨으니 이젠 그동안 부족했던 비를 더 내리시고 풍년들게 하소서. 그리하여 그들도 배불리 먹을 수 있도록 허락하시고 그래서 그들도 주님의 피조물임을 자랑스럽게 여기고, 맘껏 주님을 찬양하게 하소서!

▼ 킬리만자로 산으로 향하는 광야에서 때마침 쏟아져 내리는 거대한 비구름 기둥

흰색이 검은색을 빛낸다

    사업을 위해 탄자니아에 파견된 이후 난 줄곧 모로고로에서 일했다. 모로고로는 항구도시인 다레살렘에서 서쪽으로 차로 약 세 시간 반 걸리는 거리에 위치해 있다. 모로고로는 산이 많다. 우루구루 산이 대표적이다. 산이 있기에 생명유지에 필수적인 물도 어느 정도 확보될 수 있었고 그래서 이곳에 도시가 형성된 것 같다.

    이른 아침 사무실로 출근하기에 앞서 모로고로 산기슭에 위치한 하숙집에서 산허리를 향해 새벽 산책을 나간다. 대략 6시 조금 넘어서 산길 따라 한 바퀴 돌아서 집까지 되돌아오면 약 40분 정도 걸린다.

    산으로 향하다 보면 이른 아침에 학교를 가기 위해 떼를 지어 재잘대며 내려오는 어린 학생들을 만나곤 한다. 그들의 모습은 다른 나라의 아이들과 다르지 않다.

어떨 땐, 흰 치약 짜서 산을 살짝 덮은 듯하게 산 위에 덮여 있는 흰 구름이 서늘한 새벽 산의 멋을 더한다. 학교를 가기 위해 우루구루 산 아래로 걸어 내려오는 여자아이들 대부분은 흰색의 히잡을 쓰고 있다. 히잡은 이슬람 복장이다. 그런데 그 복장이 검은 피부를 흰색으로 두르니 오히려 검은 피부를 돋보이게 한다.

하지만 검은색의 히잡은 좀 다른 느낌이 든다. 모로고로 시내를 걷다 보면 마주치는 검은색의 옷에 오로지 눈만 빠끔히 내놓고 걸어 다니는 여인네의 모습은 보기에도 섬뜩하다.

아프리카대륙의 태양은 타 대륙보다 더 강렬한 것 같다. 비온 후 맑게 갠 하늘의 이글거리는 태양은 순식간에 대지를 말려버리기 때문이다. 내리는 비의 양보다 수분 증발량이 더 많으니 점점 사막지역이 더 넓어지는가 보다. 이렇게 주변에 나무와 식물이 줄어드니 물과 식량확보는 더욱 어려운 처지가 되어버린다.

강한 태양은 인간에게도 심각한 영향을 미친다. 아프리카 사람의 머리카락은 무척이나 꼽실하고 아주 짧다. 강하고 꼽실한 머리카락은 머리를 파고들어 머리에 상처를 주기까지 한단다. 그래서 안 그래도 거의 없는 머리카락을 빡빡 대머리처럼 깎아야만 한다. 머리카락을 활용하여 한껏 멋을 내야 하는 여인네들도 예외가 아니니 더욱 안타깝기만 하다.

태양으로부터 신체를 보호하기 위해서는 무슬림 복장이 그만이

다. 몸 전체를 보호하는 옷에 머리를 효과적으로 보호할 수 있는 여인네의 히잡까지. 이곳 탄자니아의 농촌지역에는 무슬림이 기독교인 숫자를 훨씬 압도하는 것 같다. 곰곰이 생각해보면, 어렸을 적 히잡의 의미도 모른 채 머리에 둘러쓰고 좋아하던 아이들이 그들의 종교로 자연스레 무슬림을 선택하게 되는 것은 아닐까 하는 생각이 들기도 한다. 아프리카 선교를 위해서는 기독교도 새로운 형태의 흰색 모자와 옷이 있어야 하나?

▼ 모로고로 시내 여성의 날 행사에 동참한 어린이들(히잡 쓴 여자아이들이 보인다.)

아프리카는 동물의 천국이다. 야생동물조차도 사람과 어울려 살 정도이다. 어느 날 우리 사업지구마을 인근에 사자가 나타나서 마을 근처 부대의 군인들이 총으로 사살했다고 할 정도이다. 한편 아주 작고 무수한 개미떼들이 몸에 비해 거대한 개미집을 짓고 살기도 한다. 모로고로 호텔 앞마당에 서 있는 거목의 가지에는 수백 마리의 새가 무수한 둥지를 틀고 재재거린다.

어렸을 적에 본 개구리나 두꺼비는 물론 집 앞 잔디밭을 지나가는 독뱀도 몇 번씩이나 볼 수 있었다. 이렇게 동물들이 널려져 있으니, 그래서 이름 모를 질병까지도 많은 것일까?

병 중에 가장 무서우면서도 흔한 것은 말라리아이다. 모기가 옮기는 말라리아는 제때에 진단하고 늦기 전에 약을 먹지 않으면 생명까지 위험한 지경에 이를 수 있다. 사무실에서 근무하는 탄자니아 직원들이 말라리아에 걸려 사무실에 나오지 않는 경우가 종종 있다. 말라리아는 처음 걸리는 외국인에겐 더욱 치명적이라고 하는데, 난 다행히 2년이 넘는 생활을 했지만 아직 걸리지 않았다.

몇 년 전 우리나라 대학생이 방학을 이용하여 아프리카 북부 이집트를 출발하여 아프리카 남단인 남아프리카공화국까지 기나긴 여행을 하였는데, 여행 도중 말라리아에 걸린 그 청년은 그 증상이 비슷한 감기인 줄 알고 감기약만 먹다 유명을 달리하였다고 한다. 모로고로 현지에 체재하시는 선교사님 가족들이 말라리아에 걸려 고생하시는 모습을 보면 애처롭기 그지없다.

말라리아는 몸의 가장 약한 부분에 증상이 심하게 나타난다고 한다. 예를 들면 발열, 복통, 설사, 쑤심 등이 2, 3일 주기로 번갈아 나타나게 되는데, 이럴 때 재빠른 진단과 약 복용만이 더 위험한 상태로 발전되는 것을 막을 수 있다고 한다. 특히 어린이와 노약자에겐 더욱 치명적이어서 해마다 수많은 사람들이 목숨을 잃고 있다. 아프리카를 여행한 후에 몸에 유사한 증상이 나타난다면, 감기라고만 생각하지 말고 전문병원에서 말라리아 검사를 반드시 해 볼 필요가 있다.

또한 아프리카는 물 때문에 많은 어려움을 겪는다. 큰 도시는 물론이고 중소도시조차 정수 처리된 수돗물 공급이 드물다. 또한 일반 가정이나 음식점에서 쓰는 물이 깨끗하지 않다. 따라서 주민들은 장티푸스, 이질 등 수인성 전염병에 흔하게 걸린다. 사무실 현지직원들도 인근식당 혹은 집에서 오염된 물을 먹어서 이질이나 장티푸스에 걸려 며칠씩 출근하지 못하는 경우가 허다하였다. 탄자니아 사람들은 보통 하루 두 끼의 식사를 한다. 아침식사는 출근하여 오전 10시경 가벼운 차와 함께 조그만 빵 한 조각으로 해결하고는 늦은 저녁에 저녁식사를 한 후에 잠자리에 든다.

사정이 그러하니 식사할 때 영양을 생각하는 것은 사치이고 그야말로 허기를 때우는 수준이다. 또한, 늦게 식사를 하고 바로 잠에 들어 버리니 살찐 사람이 많다. 기본적으로 식사가 부실하니 자연 몸의 면역체계도 약하다. 우리 사무실은 직원들의 형편을 고려하여 이웃 음식점에 아침마다 만다지(기름에 튀긴 빵)를 인근식당에서 배달받았다. 그래서 차와 함께 아침식사를 간단히 해결할 수 있었다. 이 사업을 통하여 이렇게 서로 나눌 수 있는 기회를 주신 하나님께 그저 감사드릴 뿐이다.

▲ 농토 조성을 위해 일하다 잠시 그 자리에서 쉬는 농민들

▼ 미쿠미 국립공원 가는 길 도중 도로에서 만난 사자

그 옛날 아랍과 인도 상인들은 인도양을 건너와 장사를 시작하면서 이곳 아프리카에 자리를 잡고 정착하기 시작하였다. 자연히 그들 삶의 방식인 이슬람종교와 그 문화도 같이 따라 들어왔다. 그 뒤를 이어 기독교는 19세기 무렵 유럽이 아프리카대륙을 식민지화할 때 같이 온 선교사에 의해 본격적으로 퍼졌다고 한다.

이슬람 교회는 크고 작은 도시의 시내중심가에 사원을 짓고 발달된 듯 하다. 그러다 보니 새벽이나 한낮에도 확성기를 사용하여 기도하기에 온 시내에 기도소리가 울려 퍼진다. 기독교에 비해 포교활동이 더 적극적이다. 이곳 모로고로에는 많은 각 국의 다양한 종교단체에서 파견한 선교사들이 많다. 한국인 선교사만 6가정이나 되었다. 모로고로 지역에만 한국선교사가 6가정이나 된다. 가톨릭재단이 세운

요르단대학교를 비롯하여 서양의 기독교재단에 의해 세워진 중고등학교도 있으며, 한국 선교사에 의해 운영되고 있는 중고등학교, 신학대학교 등도 있다. 종교활동으로 운영되고 있는 학교들은 어려운 탄자니아 교육환경에 큰 보탬이 되는 것이 사실이다. 하지만 탄자니아 어느 공무원의 애기에 의하면 일부 종교재단에서 세운 학교의 경우 학교 본래의 목적보다는 종교교리를 더욱 강조하여 가르치기도 한단다.

탄자니아는 우리보다는 확연히 쉬는 날이 많다. 공무원조차도 기독교 휴일, 이슬람교 휴일을 다 쉬니 그만큼 일에는 소홀해진다. 크리스마스가 다가오는 12월 중순부터 벌써 관공서는 물론 일반 회사들, 그리고 공무원들도 분위기에 들떠 일하지 않는다. 크리스마스 날이 들어 있는 그 주일은 제법 긴 연휴 같다.

이곳 탄자니아 사람들은 이날을 중요 명절로 여기고 평소 못 찾아보았던 가족들을 방문한다고 한다. 탄자니아 전통음식은 동서양의 온갖 음식을 맛볼 수 있는 우리나라에 비해 다양하지 않은 것은 사실이다. 그래도 마을이나 가정의 애경사 날이면 삘라우를 먹는다고 한다. 삘라우는 소고기를 재료로 빨간 소스를 쌀밥위에 얹어 먹는 식사로 이곳 탄자나아에서는 특별 한 식사라고 할 수 있다. 옥수수가 주식인 그들에게는 쌀밥이 값도 비싸거니와 특별한 식사로 친다.

이슬람 휴일에는 전날 저녁달이 뜨는 상황에 따라 그다음 날을 휴일로 정하는 경우도 있다. 그 전날 저녁 휴일 여부를 발표하니 사람들은 늘 혼동하게 된다. 그러니 대충 얼버무려 하루를 더 쉬는 경우도 있다. 처음 도착하여 이런 전후 사정을 몰랐던 나는 직원들과도 마찰이 있었다. 돌아보면 이 모두를 인정해주고 감싸야 했지만 그렇게 하지 못한 내가 후회스럽다.

말라리아, 에이즈 등 질병과 가난으로 신음하고 재해에 무방비로 노출되어 있는 곳이 아프리카이다. 그래서 각종 종교 휴일을 쉬는 것은 그나마 고난의 보상으로 여겨져야 한다고 생각된다. 하지만 세상의 온갖 다른 종교가 들어와 저마다 천국과 영생을 보장하며, 사회활동을 겸한 포교활동을 하고 있는 것을 보고 있노라면 측은한 생각마저 든다. 그렇게 기도를 많이 하고 열심히 사는데 왜 그들의 삶은 늘 고통과 고난 속에 빠져 있는가? 하지만 이곳 삶을 경험해 보니 인간에게 오는 고통과 고난이 깊을수록 더욱더 기도하도록 되나 보다.

나는 무슬림종교 휴일이든 기독교 휴일이든 가족과 떨어져 있으니 주로 휴일의 시간을 사무실에 나와 혼자 조용히 집중해서 해야 할 일들을 처리한다. 직원조차도 없는 이런 날은 유난히 더 가족이 그리워진다. 2년 이상이나 모로고로에서 살면서 어느새 탄자니아 주민과 같은 처지가 되어버렸다. 원조사업을 통해 매일 주는 자의 위치에 있으면서도 어처구니없이 받아야 하는 도전과 어려움을 헤쳐나갈 수 있도록 기도해야 했다. 그러니 자연 나도 그들처럼 기도가 일상이 되어버렸다.

▲ 모로고로 시내 이슬람 성당

▼ 모로고로 외곽에 있는 가톨릭교회

　　2012년 봄 농사철, 평소보다 적게 내린 비 때문에 탄자니아 전역은
물론 모로고로 지역도 주민들의 주요 식량인 옥수수 작황이 좋지 않
았다. 그런데 우리 사업마을인 팡가웨 마을만 유독 비가 제법 내려 풍
성한 수확을 바라보고 있었다. 주민들의 땀과 염원이 풍성한 결실을
맺는 데에는 저 멀리 한국의 영신교회 온 성도들을 포함하여 이곳의
선교사 등 많은 분들이 다함께 기도하여 주셨으니 하나님께서 이곳을
특별히 적정한 비로 축복하여 주신 것 같다.

　　60헥타르의 광활한 밭에서 어림잡아 옥수수 수확량이 약 250여 톤
은 되지 않을까 예측하고 있었다. 드디어 농민들의 땀과 노력이 결실
이 열매 맺는 7월 추수기가 다가오기 시작하였다. 마을 주민들은 벌써
부터 탐스럽게 익어가는 옥수수를 바라보니 흐뭇하였지만, 마음 한편

마을 외부사람들에 의한 옥수수 서리 걱정에 불안하다.

　그동안 그 뜨거운 아프리카 태양을 견뎌내며 아기를 들쳐 업고 밭에 나온 아낙네들과 비가 오는 날 신발도 없이 온몸을 적셔가며 농사일에 전념하였던 할머니들의 귀중한 식량이 될 옥수수를 지켜내야만 했던 것이다. 옥수수조합은 자기들끼리 조를 짜서 매일 밤 3명씩 밤새 횃불을 들고 지킨단다. 어린아이가 딸린 주부, 할머니 등도 조합원이니 당연히 참가해야 하고 이를 어긴다면 야간근무를 대신 서주는 사람의 품값을 벌금으로 내야 한다고 한다.

　모로고로 군청의 영농공무원인 무왐보 씨는 우리 사무소에 파견되었다. 그는 농민과 함께 농지를 만들고 농사지도는 물론 농사까지도 직접 참여하고 있었다. 그런 그가 추수를 앞둔 어느 날 옥수수 밭 여러 군데에 이스라엘 귀신을 심기로 하였다고 너스레를 떨었다.

　이스라엘 귀신이 뭐냐고 물었더니만 그는, "주술사(witchdoctor)에게 대가를 주면, 염소 혹은 닭의 피를 땅에 뿌리고 그 주변에 주술사만이 아는 이스라엘 귀신을 묻어놓는다"는 설명이었다.

　그렇게 되면 만약 옥수수를 훔쳐가는 자는 그날로 이스라엘 귀신(Satanic Angel)이 그의 영혼을 빼앗아 가버려 그 자리에서 즉사하게 된다나~. 이를 믿고 넉살좋게 옥수수 도둑은 없을 것이라는 그는 교회를 다니는 크리스천이니 더욱 기가 찰 노릇이었다.

　사실 내가 일하고 있던 사업지구 마을에는 언덕 위 그림 같은 예쁜 교회가 자리 잡고 있다. 한국인 형남권 선교사님이 마을 주민들을 섬기고 그들을 예수님께 인도하기 위하여, 유치원 운영, 가축사육 등을 병행하며 기독교의 복음화에 힘쓰고 계시다. 이곳 마을 주민 대다수가 무슬림인데다가 무속신앙이 뒤섞여 혼란스러운 주민들에게 기독교 복음을 전파하기 위한 그의 어려움을 조금이나마 이해할 수 있었다.

▼ 비온 후의 밭길을 조심스레 걷고 있는 무왐보 씨(그 큰 60헥타르 밭을 만드는 데 그는 혼신의 힘을 바쳤다.)

문제는 사람들

탄자니아는 1919년부터 42년 동안 영국의 식민지 지배하에 있었다. 그래서 그런지 현재의 탄자니아 법과 제도들이 영국의 방식과 많이 유사하다. 식민지 이전 시절에는 백오십여 개의 종족들이 제각기 다른 언어로 유목생활을 하면서 부족국가 형태로 살았다고 한다. 탄자니아가 영국으로부터 독립한 이후 유럽과 같이 성숙된 사회에서나 적용 가능한 영국식의 규정과 법을 준수하고 살아야 하니 그 생활의 불편함이야 이루 말할 수 없으리라.

따라서 그들은 살아가면서 'Amicably(우호적으로)'라는 단어를 많이 쓴다. 법과 현실의 차이가 상상할 수 없을 정도로 커서 서로 우호적으로 해결하지 않으면 온전하게 살 수 없다는 뜻일 것이다. 법원행정 비용이 거의 무료이니 남을 쉽게 고소한다. 모로고로 시내에 자리한 법원 앞에는 사람들로 늘 붐빈다. 그들은 일생 살 동안 보통 한두 개의 법원소송을 안고 살아간다고 한다.

삶의 현장은 더욱 처절하다. 이른 새벽부터 각종 농산물과 과일을 머리에 이고 시장에 팔러 나가는 아낙네 무리들, 모로고로 시내에서 리어카 바퀴가 터져나갈 정도로 무거운 짐을 웃통을 벗어젖힌 채 실어 나르는 인부들은 어려운 사회 환경에서 살아남기 위한 필사적인 몸짓이다.

농촌마을로 가면 사정은 더욱 열악하다. 집 지을 때 흙으로 나뭇가지를 얼기설기 엮은 다음 그 위에 흙으로 바른다. 방 안은 흙바닥이며, 때론 닭이나 가축과 사람이 함께 사니 위생은 말할 것도 없다. 비가 세차게라도 내리면 집의 흙벽은 녹아 흘러내려 집들이 엉망이 된다. 도시는 그래도 농촌보다 형편이 낫지만, 시골 마을에 있는 학교는 책상 걸상도 없는 학교가 허다하다. 아이들은 책과 공책도 없다. 또한 집이 가난하니 아침식사를 굶고 학교에 온다. 사정이 이 정도이니 어디부터 손을 대고 어디부터 개발지원을 해야 마을이 발전하고 사람들의 생활환경이 좋아질 수 있을까 하는 고민에 빠지게 된다.

어떻게 보면 아프리카의 가난은 그 안에 속한 사람들의 소득불균형과 세금을 통한 재분배 문제 등 사회 불균형이 가져왔다고 생각된다. 그들은 게으르지 않다. 농업자원도 비교적 풍부하다. 토지도 넓다. 강우가 턱없이 부족한 사막지역을 제외하고는 효율적인 농업관리로 사람들의 식량을 해결할 수 있을 정도의 자원을 갖고 있다고 본다. 이곳에 오래 있다 보니 극히 소수의 사람이 토지나 자원 등을 너무 편중되게 보유하고 있다는 사실을 알게 되었다. 국가는 광대하게 넓으나 정작 농민은 농사지을 땅이 아예 없다. 탄자니아에는 농업을 전문으로 하는 기업들도 있다. 그 기업들은 농부를 턱없이 싼 임금으로 농민을 계절인부로만 활용하며 기업형 농사를 짓는다. 다르살렘에서 모로고로로 달리는 길 양쪽으로 끝도 없이 이어지는 넓은 토지에도 천연 노끈의 원료가 되는 사이잘나무를 대규모 심어놓은 것을 볼 수 있다.

이곳에 주민들의 주요 식량이 되는 옥수수를 심어 가난한 사람들이 나눌 수 있으면 얼마나 좋을까 하는 생각이 들 정도이다. 그러고 보니 아프리카 대다수 사람들의 가난은 소수 사람들의 욕심으로 인해 대다수 사람들의 가난을 더욱 악화시켰다고 볼 수 있다. 이러한 문제를 해결하기 위해서는 사람들의 의식변화가 필요하다고 본다.

문제는 사람이다.
아프리카의 빈곤을 해결하기 위해서는
사람들의 의식변화가 필요하다.
주님이 저희에게 생명과 사랑을 주었듯
이곳 탄자니아에도
서로 사랑하게 하시고
빈곤을 물리치게 하소서!

▼ 나뭇가지와 흙벽돌로 집 짓는 여인(인근에서 재료를 모아서 집이
될 때까지 몇 날 며칠이고 이렇게 작업하여 집을 완성한다.)

2부

사람 사람들

고생 끝에 추수한 옥수수를 들고 기뻐하는 팡가웨 마을 농민

음중구

'음중구'라는 말은 외국인을 뜻하는 아프리카의 스와힐리어이다. 난 분명 그들에겐 음중구이다. 탄자니아에서 음중구의 위치는 설사 어느 사람이 나를 해코지하거나 비정상적으로 돈을 뜯어내도 주변 사람들은 크게 관여하거나 분노하지 않는다. 그냥 바라보고만 있을 뿐이다. 심지어 경찰이나 법원에서도 '음중구'는 텃세에 눌려 내국인과 동등한 대접을 받지 못한다. 차를 몰고 도로를 지나갈 때도 당연 벌금의 대상이 된다. 어떠한 이유와 구실을 대서라도 돈을 뜯으려 한다. 문제는 이러한 분위기가 내가 일하는 사무실에서도 적용된다는 사실이다.

▲ 옥수수 농사일을 마치고 아침식사를 위해 모인 마을 주민들

　사무실에서는 많은 비용이 지출된다. 어떨 때는 물품을 사고 어떨 때는 용역계약을 맺어야 할 때도 있다. 사실 나는 어떠한 일이나 물품 구매를 할 때 적정한 금액을 지출해야 사전에 계획된 일을 제대로 마칠 수가 있다. 물건을 사더라도, 남에게 일을 시키더라도 가격이 터무니없이 비싸다고 생각될지라도 직원들은 크게 관여하지 않는다. 음중구의 돈은 이곳 탄자니아 땅에 뿌려지기 위해 들어왔고, 또한 좀 더 비싸게 대가를 구입하더라도 이 땅에 떨어지는 것으로 생각하니 직원들도 별로 개의치 않는다. 이러한 직원들의 태도 때문에 내가 일일

이 간섭해야 하고 오히려 내가 할인해달라고 사정해야 했다.

어쩌다 거리에 나가서 사람들과 마주치면 어린아이부터 노인까지 내게 아는 척을 한다. 사람들은 어떠한 수를 써서라도 '음중구'와 인연의 고리를 만들려고 한다. 외국인은 결국 돈이기 때문이다. 언젠가 집 앞에 나가는데 웬 아줌마가 스와힐리어로 아는 척을 한다. 그래서 웃어주었더니 대뜸 손을 벌리며 돈을 달라 한다. 학생들도 마찬가지이다. 내게 인사하여 대답을 해주었더니 바로 나에게 학교 다닐 수 있도록 후원해달란다.

우리 직원들도 예외가 아니다. 사업이 곧 종료되니 내게 향후 본인들의 생계대책을 세워달란다. 예를 들면 먹고 살길이 없으니 가게 낼 돈을 대달라고 하거나, 대학원에 가고 싶으니 학비를 보조해달라고 한다. 이런 식으로 감당하기 힘든 요청과 바람들이 하루에도 줄을 이룬다. 허니 나는 그들의 요청을 들어주고 싶은 마음이 있어도 개인적으로 쉽지 않음을 매번 설명하고 달래느라 매일매일 지쳤다. 내가 설명을 이런 식으로 마쳐도 그들은 내게 나중에 다시 얘기하자는 식으로 오히려 날 설득하면서 늘 그 도움의 끈을 얽어놓으려고 하니 더욱 나를 피곤하게 하였다.

업무는 기본이고 내부 직원에게까지도 시달리니 오후가 되면 한없이 피곤한 상태로 되어버린다. 이러한 그들의 요구는 한도 끝도 없다. 일단 인연이 되었던 외국인이 훌쩍 떠나버리고 나면 어디 기대어

볼 언덕도 없고 다시 한없는 가난의 나락으로 떨어져버릴 인생이니 그리도 악착같은 모양이다. 그저 마음만 안타까울 뿐이었다.

외국의 구호단체나 선교단체들이 조건 없이 보따리를 풀어서 받는 데에만 너무 익숙해 있어서 그럴까?

아마도 그 옛날 흑인을 노예로 팔아먹고 갖은 잔학한 짓을 한 '음중구'의 업보이리라. 아프리카 종족들이 자체의 조그만 부족을 유지하며 자기네 식으로 살아갈 때에 유럽이 아프리카대륙을 정복하고 만행을 저지를 때 당한 수모와 고난을 '음중구'에 되갚는 것 같았다.

이곳 한인선교사들은 여러 유형의 선교단체에서 파송된다. 보통 한번 이곳에 정착하면 장기간 현지에서 체재하게 되는데 체재허가증인 여권의 비자는 대개 몇 년 단위로 다시 갱신해야만 한다. 그런데 비자갱신이 쉽지 않단다. 탄자니아정부에서 선교사의 실적을 조사한단다. 그래서 타 선교사와 비교하여 구호활동이 적을 경우 비자갱신에 적지 않은 어려움을 겪는단다. 물론 선교의 본 목적인 영혼구원도 중요한 것이지만 탄자니아정부는 구호활동유치에 더 의의를 두고 있는 것 같다. 배고픈 나라이니 물질에 의한 성과를 더 챙긴다고나 할까? 심지어 너희 선교사들도 우리 때문에 먹고 산다고 하는 말까지 들을 정도라 하니 선교사들의 평소 처신과 사역에 얼마나 고충이 있을까 하는 심정이다.

마을 주민들

　　대개 농촌 마을엔 기본인프라가 제대로 된 곳이 없다. 그러니 주민들의 삶의 불편함도 쉽게 상상할 수 있다. 우선 마을에 전기가 들어가지 않는다. 그리고 생활용수는 마을 중앙에 공동수도가 있는 경우가 있지만 설치불량으로 우기에 그것도 겨우 일주일에 며칠만 사용 가능하다. 그래도 아프리카의 가뭄이 늘 지속되는 사막지역에 비하면 사치스러운 것일까? 집 내부 환경은 더 형편없다. 잘 때는 맨땅에 거적 비슷한 것을 덮고 한기를 이겨야 하니 자연 몸의 면역이 약해지고 병에 약하다. 집에서 가축을 함께 키우는 주민들도 있다. 삶 자체가 피곤하다.

　　우리 사업 중에 옥수수를 재배하는 영농사업이 가장 많은 수의 주민들이 함께 일하였던 중요 사업부문이었다. 마을 전체가구 수가 약

300가구인데 거의 200여 가구의 주민들이 매일 참여하였으니 옥수수 농사에 대부분의 마을 주민들이 참여했다고 볼 수 있다.

그런데 대부분의 참가자는 여성이다. 그것도 아이를 들쳐 업은 아낙네나 나이가 연로한 할머니들이 대부분이다. 이곳 아프리카 여성은 전통적으로 남자보다 어려운 생활을 한다. 집안의 아이를 돌보는 것은 물론 웬만한 농사일은 여자가 도맡아 한다. 거기에 남자들의 책임성을 회피하기 위해 결혼생활을 하는 사람들이 많지 않다. 남자들은 집안일에 별로 관여하지 않고 심지어 집안의 끼니거리 확보에도 관심 없이 소일하는 경우가 흔하다. 남자들이 집안에 소홀하다 보니 어려운 일들이 비일비재하게 일어난다.

밭에서 공동으로 일할 때 보통 이른 새벽부터 시작하여 대개 오전 10시경에 일을 끝내려 한다. 우리 사업단에서는 밭이 워낙 넓으니 갈 길이 바빠 오후까지 일을 시키려고 시도한 적이 있었다. 평소 주던 빵의 양을 2배로 늘리고 점심식사 후에 다시 일하자고 강력히 권유한 적이 있다. 하지만 아무리 권유해도 뜻대로 되질 않았다. 연약한 몸에 아침식사도 제대로 하지 않고 밭일을 하니 빵 한두 조각으로 오후까지 끈기 있게 일할 수 있다고 생각하는 것 자체가 무리다.

▲ 마을 공동 수돗가에서 물을 받는 아이들(집안에서 쓸 물을 나르는 것은 아이들의 몫이다.)

　내가 일하고 있는 이 사업은 탄자니아정부와 한국정부가 맺은 협정에 의해 진행되는 공공원조사업이다. 즉, 탄자니아 지역공무원은 우리와 함께 업무를 수행해야 하는 공동의 책임을 갖고 있다. 하지만 이곳 공무원들은 수당을 주지 않으면 움직이지 않는다.

　아니 자기 주머니에 돈이 들어오지 않는 어떠한 일에도 관심이 없다. 자기네 가난한 마을을 도와주고 그들이 스스로 일어설 수 있도록 하는 나의 소위 새마을사업에도 자기 주머니를 채우지 못하니 관심이 점점 멀어져갔다. 처음엔 나의 사업으로 인해 많은 것을 얻어내려고 접근하였던 공무원들은 대부분의 사업개발 비용이 마을에 사용되고 정작 본인들에게 혜택을 주는 것을 안 이후엔 오히려 내게 불편함을 끼치는 것도 많았다.

사업 초기 사업설명을 위한 워크숍을 개최하였다. 그래서 워크숍 프로그램을 만들고 공무원과 주변 기관에 알렸다. 그런데 알리는 과정에서 많은 수의 공무원에게 초청장 형태의 편지를 일일이 개인별로 보내야 한단다. 나는 그 부서단위로 한 장 정도로 알리면 되지 일일이 개인에게 초청까지 해야 하느냐고 반문하였다. 하도 주장이 완강하여 정부 공무원인 그의 말대로 백여 장의 초청장을 만들어 본인에게 일일이 전달하는 불편함을 감수하였다.

그런데 문제는 정작 워크숍이 끝나고 생겼다. 워크숍에 초청하였고 참가하였으니 개인별로 출장비를 달라는 것이었다. 우리 사업소에서 준비한 것은 참가자 식사 정도였는데 하루 일당을 달라는 식이었다. 출장비도 주지 않는 워크숍은 처음 보았다며, 이후 초청하더라도 다시는 참가하지 않겠다고 하지 않는가? 그제야 왜 그 노 공무원이 개인별로 초청장을 보내야 한다고 고집했는지 그 이유를 알 것만 같았다.

애기를 들어보니, 이곳은 대학생조차도 워크숍에 참가하면 돈을 받는단다. 그리고 보니, 초기 이곳에서 집을 구하지 못해 모로고로 호텔에 거의 두 달간 머물 때 호텔 내에서 진행되는 여러 워크숍을 눈여겨볼 기회가 있었다. 이곳 탄자니아에는 각종 워크숍이 많다. 각종 외국단체들이 다양한 주제로 워크숍을 연다. 참석대상은 주로 공무원이나 기관의 직원들인데 이들은 출장비와 숙식 등을 제공받는 행사들이 많았다. 이러한 분위기와 문화에 젖어 있는 사람들에게 우리나라 유형의 자발적인 참여가 필요한 새마을사업을 같이하자고 하는 것은 어쩌면 무리일지 모르겠다.

　제 나라 공무원으로서 주인의식도 없이 외국 사람들이 원조자금을 들고 와서 같이 제 나라 지역사회를 함께 개발하자고 하는데 자기 주머니에 들어오는 게 없다고 나 몰라라 하고 수당을 주지 않으면 움직이지 않으니 참으로 한심할 뿐이다. 이러한 것을 보고 배우는 주변의 사람이나 학생들을 보니 탄자니아의 장래를 염려해야 하는 괜한(?) 걱정을 하였다.

▼ 사업시행에 앞서 사전조사를 위한 모로고로 도청 방문(모로고로 도지사 그리고 코이카 오성수 소장이 함께하였다. 모로고로 도청 앞마당에서 2011년 1월 21일)

초등학교 아이들

　　초등학교 아이들은 배고프다. 아침에 학교에 나올 때 집에서 먹는 것도 없으니 공부가 잘 될 리가 없다. 학교 교실이 흙바닥이고 칠판도 없다. 학생들은 책도 노트도 없는 형편이니 더 이상 공부에 대해서 이야기한다는 것이 쑥스러울 정도다. 학교의 선생님들도 형편은 마찬가지이다. 변변한 교재도 없고 판서할 칠판도 없으니 그냥 말로 때운다. 이곳 탄자니아에서 초등학교 선생님이 되기 위한 자격은 중학교 이상을 나오면 선생님이 된단다. 선생님의 자질을 논하기 어려울 정도이다. 선생님을 위한 복지나 학교의 시설들이 이 정도이니 정상적인 초등교육은 아예 생각도 말아야 할 처지다.

　　그런 환경임에도 선생님들은 학생들을 아주 엄격하게 다룬다. 옛날 우리 못살 때의 시절처럼~. 아이들은 특이하게 농업과목을 초등학교 때부터 배운다. 실습하면서 농사를 짓는 것이다. 배고픔을 벗어나기 위해 농사짓는 법을 가르치는 것은 효과적일 것이라고 생각된다. 하지만 학생들을 이용하여 학교 주변 토지에 농사를 짓고 그 수확물을 선생님들이 종종 가로챈다는 애기를 들으니 가슴 아프다.

사업 초기 한국의 재정지원으로 시행되고 있는 탄자니아 타보라 지역의 새천년개발목표로 지정된 유엔사업(MDG) 마을지구에 코이카 지역사무소와 함께 방문한 적이 있다. 그곳에서 만난 초등학교 어린이들은 학교 내에 초보수준의 조리시설을 갖추고 있어 가정에서 식사를 하지 못하는 학생들의 하루 끼니를 함께 해결하고 있었다.

그래서 그런지 학생들은 더 생기가 있어 보였다. 그들은 그 학교를 방문한 우리 일행을 반갑게 맞이하고 학생들이 준비한 춤과 노래 솜씨를 선보였다. 그 학교 건너편에 자리 잡은 옥수수 밭은 학생들의 실습 겸 농사짓는 텃밭이 있었다. 이곳의 수확물 일부는 학생들의 급식에 사용된다고 한다.

좋은 아이디어라고 생각되었다. 학생들의 배고픔을 최소한 한 끼는 학교 안에서 해결하고 농사짓는 법을 배우니 학생의 앞날을 위해서도 좋은 방안이다. 그래서 기왕에 건설하고 있는 초등학교이니 공사 중인 학교 내에 조리시설을 만들고 학교 주변의 공터를 활용하여 옥수수를 심도록 개발하면 어떨까 싶었다. 하지만 사업여건이 어려워지고 복잡한 사업여건 때문에 그 뜻을 이루지 못한 것이 못내 아쉽다.

사실 내가 맡은 2012년 4월경에 있었던 사업기공식 날의 행사를 빛내기 위해 초등학생들이 춤과 노래를 준비하였다. 행사 당일 사업소에서는 빵과 음료수를 나누어 주기 위해 선교사님에게 주문하여 준비해놓았다. 그런데 오전 11시경 학교교장선생님은 아이들에게 빵을 나누어주자고 마을 입구에서 탄자니아 수상과 한국대사를 기다리고 있던 내게 전화가 왔었다. 행사 시작은 12시경에 하는데 아무래도 지금 빵을 나누어주면 모두들 흩어져 행사 진행에 지장을 줄 수 있을 것 같았다. 하는 수 없이 조금만 더 참자고 대꾸를 했지만 마음은 편치 않았다. 아침식사도 못하고 집에서 나와 오전 내내 길가 연도에 서서 그날의 귀빈들이 오기만을 기다리고 있었으니 뱃가죽이 허리까지 붙어 있었으리라.

　행사가 어느 정도 시작된 후에야 나누어 준 빵 하나에 음료수로 때운 식사였다. 행사장엔 어른들의 흥겨운 춤과 노래로 하마터면 보지 못할 뻔한 탄자니아 꿈나무들의 몸짓을 행사 마지막 자락에 겨우 볼 수 있었다.

꺼꾸리와 장다리

탄자니아 사업을 위해 잠시나마 모로고로 도청 내 조그만 책상 하나로 둥지를 틀었던 사무소에 2년여 동안 사업을 같이할 직원이 있어야 했다. 나는 다르살렘에서 모로고로로 내려오기 전에 좋은 사람을 찾기 위해 일부로 비싼 돈 들여 이 나라 제일의 영문일간지 Guardian에 채용광고를 내놓은 상태였다. 하지만 내가 원하는 수준의 탄자니아 청년들을 만나는 것은 쉽지 않음을 나중에야 알게 되었다.

탄자니아 후보직원들이 이메일로 보내온 이력서는 컴퓨터에 쌓여가고 있는 중이었다. 어느 날 오후, 웬 허름한 차림의 청년 세 명이 내 책상으로 다가왔다. 모두들 이력서를 손에 들고 무표정한 얼굴로 일하고 싶다고 찾아온 것이다. 그중 한 청년은 키가 거의 2m나 되고 두 청년은 아주 작으니 흡사 탄자니아의 꺼꾸리와 장다리 같았다. 국립수와농과대학을 갓 졸업한 사회초년생들이다. 우리나라에서도 직업 얻기가 쉽지 않지만, 이곳 탄자니아는 더더욱 그렇다. 극히 소수의 젊은이들이 대학을 가지만 막상 졸업 후 회사가 별로 없으니 취직자리가 없다.

탄자니아 꺼꾸리와 장다리들은 처음 우리 사무실을 방문한 이후 한두 달 주기로 세 번여에 걸쳐 취업문을 두드렸다. 그러던 어느 날, 마을 가구 조사를 실시해야 하는데 현재 일하고 있는 직원만으로는 손이 부족하여 세 명 모두 다 임시 직원으로 채용하였다.

꾸준히 나를 찾아온 결과 그래도 꺼꾸리와 장다리들은 3개월 동안 나와 인연을 맺고 일을 할 수 있게 되었다.

채용된 세 사람은 다 특징이 있었다. 장다리는 마사이족 출신이다. 어릴 때 다쳐서 손가락 하나가 없다. 어느 날 회의 때 말하기를, 아버지 나이가 칠십이 넘었는데 막 새장가를 들었단다. 세 번째 부인인데 나이는 갓 스물이 되었단다. 마사이는 소떼를 몰고 다니며, 물과 풀이 있는 곳으로 이동하며 산다. 자연 소떼가 많아지면, 소 관리를 위해서도 여러 부인을 두고 부인들에게서 난 자식들과 살 수 있도록 일부 소를 떼어준단다.

두 명의 키가 작은 꺼꾸리 중 말없이 일만 하고 제 의견도 내지 않는 '바고카'라는 청년이 있었다. 바고카가 인턴으로 몇 개월 한시적으로 가구조사요원으로 일하고 있을 때였다. 석사 출신 여성 직원의 상식 이하의 행동으로 골치 아파하고 있을 때였다. 사실 무지한 주민들과 일할 때는 눈높이를 그들과 맞추어야 한다. 그녀의 도도함과 설익은 우쭐됨 때문에 나는 그녀와 결별해야만 했다. 대신 전격적으로 인턴 출신 바고카를 그녀의 뒤를 이어 정식직원으로 채용하였다. 그를 선택한 이유는 3개월간 가구조사내용을 그가 총괄 정리하여 보고서로 작성하였기 때문이었다. 일전에 해고된 그녀에게서 바고카는 정말 잘한다는 말을 들은 적도 있었기 때문이다.

겨우 일자리를 얻은 바고카! 그는 언제나 말이 없다. 이른 아침 새벽부터 그 큰 60헥타르 농토를 만들어내는 일도, 한국인 영농전문가와 함께 농민을 지도할 때도, 내가 소리치며 야단할 때도, 아무 대꾸 없이 농부와 똑같이 그저 소처럼 일만 한다. 체구도 자그만 청년이 먹지도 제대로 못하는데, 어찌 그리 소처럼 묵묵히 일만 하는지……. 한국의 농학박사님은 농민을 지도하라고 들판에 내보내 놓았더니 농민처럼 일만 하면 농민월급을 받아야지 뭐 하러 채용했냐고, 열심히 일하는 그에겐 대놓고 얘기하지 못하고 혼자 중얼거리다 못해 내게 말하였다. 밭 가는 것이고, 농약 뿌리는 것이고, 안 하는 일이 없다. 현장에서뿐만 아니다. 사무실에 일이 있을 때는 내가 같이 일하자고 하면, 토요일도 일요일도 마다 않고 말없이 일한다.

그런 그가, 우리 딸아이와 페이스북 친구가 되었다며 몹시 수줍어하면서 내게 소 50마리 드릴 테니 큰딸과 결혼시켜 달란다. 그래서 이 이야기를 페이스북으로 필라델피아에 유학 중인 첫째 딸에게 댓글을 남겼더니, 모로고로에서 컨설턴트로 일하고 있는 나의 친구, 아일랜드 신사 탐은 그 댓글을 보자마자 자기는 80마리 줄 테니 짐바브웨에 있는 조카와 결혼신청을 한다고 댓글을 남겼다. 작년에 그렇게 말도 없이 농부같이 억척스레 일만 하더니, 올해 두 번째에는 농민을 주도하면서 너끈하게 기술지도도 하지 않는가? 아프리카에 아니 탄자니아에는 모든 청년들이 진실하지 않다고 말할 수 없다. 적어도 바고카는 다르다. 부디 큰 인물이 되어 탄자니아 사람들의 등불이 되길, 그리고 그의 앞날에 하나님의 축복이 함께하길 기도한다.

▼ 오른쪽에서 두 번째 줄자를 들고 있는 바고카

한인 선교사들

그 당시 모로고로에는 한인선교사가 여섯 가정이나 있었다. 한국에서 파송되신 분도 있고 미국한인교회에서 파송되신 분도 있다. 농업을 통하여 주민들의 먹거리를 해결하며 현지인들을 주님의 품으로 인도하는 선교사도 계시고, 빵을 구워 초등학교에 원가 이하로 제공하면서 아이들에게 하나님의 말씀을 가르쳐 기독교 신앙을 넣어주시는 분도 있다. 이외 신학대학교, 중등학교 등을 설립하고 학교를 운영하시면서 학생들에게 주님의 사랑을 전하고 계신다.

선교사들은 가끔 서로 돌아가면서 집에서 기도회를 갖는다. 보통 식사를 함께하고 주중 저녁에 모인다. 고난의 골이 깊은 어느 날 나는 식사준비하기조차 힘들어 윤봉석 선교사댁에 간청하여 그 댁에서 식사를 해결하기 시작하였다. 이후 자연스레 윤 선교사를 따라 이 식사

겸 기도모임에 참석하게 되었다. 사실 선교사들만을 위한 모임이고 참석하라고 부르지도 않았는데 저녁에 불안한 마음에 무조건 함께하고 싶었다. 저녁에 혼자 있는 것이 그리도 불안하였나 보다.

선교사들은 정성껏 준비한 식사를 마치고, 찬양을 하기 시작한다. 모이신 분들이 한 가정에 한 곡씩 찬송가를 선택하는 형식으로 여러 찬송을 부른다. 나에게도 찬송가곡을 선택할 수 있는 기회를 주셨다.

그리고는 예배를 주관한 선교사가 말씀을 전하신다. 이후 각자 기도제목을 말한다. 나에게도 기회가 주어졌다. 난 서슴없이 "사업이 잘 될 수 있도록 기도해주세요"라고 말씀드렸다. 이후, 사업을 위한 나의 간절한 기도가 모로고로 선교사 모임에서 아프리카 밤하늘에 높이 울려 퍼졌다. 선교사들은 '사업이 은혜롭게 마무리될 수 있도록' 기도해주셨다.

영신교회 이영무 목사님의 기도대로 2주간 귀국하여 새 힘을 얻고 온 나를 보고는 선교사들이 나의 어렵고 힘든 고난시절의 내 모습을 가끔 이야기하신다.

"김 단장, 얼굴이 작년에는 새까맸었어요."
"지금은 정상으로 돌아왔어요."
"김 단장도 대단해, 어떻게 그리 오랫동안 힘든 과정을 견뎌냈어."
"김 단장은 버들같이 유연하면서도 아주 강인해."

"아마 권사님인 어머니의 기도 힘이 컸나봐."

그토록 일 년여의 고난과 고통에서 견디어낼 힘을 주신 것은 아들이 더욱 하나님께로 가까이 가게 해달라고 평생 동안 기도하시던 어머니와 영신교회 온 성도님 그리고 모로고로 선교사님들의 기도를 하나님이 응답해주심을 믿는다.

거의 십수 년 전에 미국 한인교회에서 이곳 모로고로에 파송되어 신학대학교를 세우시고 선교활동을 하고 계신 최창식 선교사는 나에게 신학대학교에 와서 간증 한번 하라는 말씀을 하셨다. 난 간증이란 것은 한 번도 해본 적도 없고, 내가 그런 자격도 되지 않는다는 생각에 망설이다가 못 이겨 참석해야 했다.

신학대학교는 참으로 훌륭하게 세워져 있었다. 최 선교사님이 쏟아 부은 그간의 땀과 정성, 그리고 관련된 분들의 기도의 결과라고 느껴졌다. 이곳 신학생들은 현지 탄자니아 목사님들이며, 다시 신학공부를 통하여 재무장하기 위해 탄자니아 전국에서 오신 분들이란다. 난 간증을 무슨 말로 어떻게 시작해야 할지 몰랐다. 고난 중에 하나님이 함께하셔서, 고난을 회복하게 하신 하나님께 영광을 돌린다고 의례적인 말을 생각하였다. 하지만 대부분의 고난은 탄자니아 사람들로 온 것이 많은데 어떻게 표현해야 할지 더욱 난감했다.

단 앞에 서니 나도 모르게 말이 나오기 시작했다. 아프리카는 하나님이 태초에 천지를 창조하실 때 그 모습과 가깝게 느껴졌다고 말했다. 그래서 모든 것이 무질서하고 혼돈스러운 상태 같다. 나 또한 이곳 탄자니아에 도착해서부터 지금까지 혼돈의 날을 보내야만 했다. 그래서 나 자신도 이곳의 생활이 정말 힘들었다고 말씀드렸다. 그때 하나님을 찾게 되었고, 나의 기도를 하나님이 들어주셔서 어려움을 극복할 수 있었다고 고백하였다. 이어서 내가 모로고로에 도착하여 최 선교사님에게 처음 만나 드린 질문을 소개했다.

"좋은 미국까지 이민 가셔서, 나 같으면 그곳에서 잘살 텐데, 뭐 하러 이곳 아프리카까지 와서 이 고생을 하고 계시냐?"고 물은 적이 있었다.

그는 나의 질문에 이렇게 대답했다. "아직도 온기가 남아 있는 계란을 들고 한달음에 달려와서 눈물을 흘리며 선교사님이 도와준 것을 감사"하는 그 모습을 잊을 수 없다. 그는 내게 이렇게 덧붙였다.

"인생의 기쁨 중에 사람이 변화하는 모습을 보는 것이 세상 어느 기쁨에 비할 수 없는 귀한 것이다."

최 선교사님이 운영하시는 신학대학교에서 신학공부를 하고 계시는 탄자니아 목사님들에게서 박수가 나왔다.

▲ 모로고로 선교사 가정들의 기도모임

외국인 선교사들

　　내가 모로고로에서 살았던 집 울타리 안에 3개의 집이 있었다. 집 하나는 제법 방과 거실 등이 큼직한데 주인이 사는 집이었고, 나머지 두 개는 신혼부부나 혼자 사는 사람에게 적당한 정도의 작은 집이었다. 난 두 개의 작은 집 중 하나에서 살았다. 그러던 어느 날 큰 집에서 살던 집주인이 독일에서 거의 일 년을 체재하는 관계로 그 기간 동안 세를 놓고 독일로 떠났다.

　　이 큰 집에 세 들어 살 사람은 미국사람이란다. 미국서 오는 분이라 해서 궁금했다. 어떤 분들인데 이 멀리 아프리카까지 이사를 올까? 도착한 분들을 보니 미국인 선교사 가정이었다. 아이 셋을 가진 젊은 미국인 선교사 부부였다.

　　그들이 탄자니아에 처음 도착할 때 미국에서 목회활동을 하고 있는 부모가 그 먼 길을 동행하여 주었다. 그 목사 부부는 낯선 이곳 아프리카까지 동반여행을 하여 약 10일간 같이 체류하여 주신 것이다. 선교사인 사위와 딸 앞날의 험난한 여정에 조금이나마 위로를 주고 싶었나 보다. 참 아름다운 모습이라고 여겨졌다.

난 그들 선교사 부부에게 물었다. 얼마 동안 이곳에서 선교할거냐고. 그들은 아예 이곳에서 평생을 살면서 선교할 예정이란다. 그리고 이곳 부모 없는 탄자니아 아이도 입양할 예정이란다. 자기 아이가 셋씩이나 있는데도 불구하고 또 다른 아이를 입양하겠다니, 나에겐 이해할 수 없는 일이지만 그것이 주님의 사랑인가 보다.

이곳 모로고로에는 아프리카 언어를 가르치는 스와힐리어 학교가 있다. 정규 학습과정은 4개월 과정으로 두 부부는 이 학교에 등록하여 스와힐리어를 배운다. 바로 옆집에 사니, 그들의 삶을 염탐하고자 하는 것도 아닌데 볼 수 있었다. 그들은 혼자 있는 내게 관심을 표하고 잘 대해주려 했다. 가끔 그 집에서 저녁식사도 해결했다. 워낙 편리한 삶이 서양이니 저녁식사도 한두 종류로 간단하다. 젊은 사람들이어서 그런지 간편식을 더 좋아하는 것 같다.

난 그 젊은 선교사와 대화하는 중에 한국의 교회에는 새벽기도가 있다고 소개하면서 그에게 미국 교회에도 새벽기도시간이 있냐고 물은 적이 있다. 덧붙여서 보통 4~5시에 있는 예배에 나의 어머니는 웬만하면 그 기도시간에 참석하신다고 덧붙여 설명하였다. 그랬

더니 그는 고개를 가로 젓는다. 이해가 되지 않는다는 표정인가 보다. 나도 그 선교사처럼 새벽기도는 어쩌다 특별한 날만 그것도 겨우 며칠만 참석하면서 왜 그런 질문을 그에게 던졌는지 모르겠다. 하지만 선진국의 목사에게 새벽기도라는 것이 어떠한 느낌일까 궁금해 하던 차였다.

선진국의 삶이 다른 어느 곳보다 편안하니 좀 더 여유 있고 편안하게 하나님을 믿는다고 해야 하나? 사실 외국선교사와 비교하여 볼 때 우리 한국인 선교사들이 사는 형편이나 일의 정도는 더욱 진지하다. 또한 더욱 힘써 이곳 주민들을 섬긴다고 느껴진다. 아마도 우리나라 6·25동란 이후 가난하고 헐벗었던 자신의 삶의 경험을 통하여 어려운 이곳 사람들에게 자기 일처럼 가까이 갈 수 있었을 것이라 짐작해본다.

그들과 함께한 지 몇 개월이 지나자 미국선교사 가정에 주변 외국인 선교사들이 자주 찾아오기 시작했다. 자연 나는 그들과 가까이 살면서도 멀어지게 되었다. 멀어지게 된 이유는 나의 선입견 때문에 더욱 그러한 것 같았다. 모로고로에 있는 외국선교사들이 자주 모이니 만약 한국사람 혼자 그곳 모임에 끼어든다면 잘 알아듣지도 못하는 낯선 영어대화나 음식걱정에 그만 기가 질렸나 보다.

며칠 전 집 마당에서 만난 미국인 선교사 아론은 이곳 모로고로의 일 년의 생활을 마무리할 예정이란다. 그리고 또 다른 일 년을 선교훈

련의 기간으로 계획하고 수도인 다레살렘에 있는 교회에 출석하며 그곳에 머문다고 한다. 그리고 그 후엔 그들의 평생 사역지가 될 탄자니아 어느 마을을 선택하여 정착할 예정이라고 한다. 그들이 가는 곳과 그의 사역에 하나님이 함께하시길 기도할 뿐이다.

▲ 옆집의 미국인 선교사와 선교사 아내의 부모와 함께

▲ 그리고 선교사의 세 딸들

▲ 탄자니아 농업박람회(나네나네) 행사 전통춤을 추는 탄자니아 무희들

3부

빈곤탈출을 위한
몸부림

광활한 60헥타르 농토를 만들 때 주민들의 작업 모습

농토를 만들자

    탄자니아정부에서 팡가웨 주민들의 식량을 위해 우리 사업단에게 개발을 허락하고 제공한 60헥타르의 땅은 잡목과 풀로 우거져 있는 불모지였다. 우리는 주민들의 식량을 해결하기 위해 불모지를 농토로 만들기 위한 작업에 착수했다. 주민들과 세 달여의 험난한 작업 끝에, 잡초와 잡목 등으로 우거져 방치되었던 광활한 60헥타르의 땅은 이제 훌륭한 농토로 만들어졌다. 참으로 감격적인 순간이었다.

▲ 옥수수 농사일을 마치고 아침식사를 위해 모인 마을 주민들

▲ 수개월 동안 고생하여 만든 농장에서 심은 옥수수가 자라는 전경

    모두들 좋아했다. 애초 이 넓은 땅이 농토로 변모되기까지 얼마나 많은 어려운 과정을 거쳐야 할지 상상조차 하지 못하였다.

    작업을 나오는 주민들 상당수가 아이를 등에 업고 나오는 아낙네들이 많았다. 워낙 마르고 창백하여 힘조차 쓰기 어려운 분들이 많았다. 하루에 일을 많이 해봐야 오전의 짧은 시간 이상은 일하지 못한다. 농기계를 동원하였지만 여전히 뜨거운 아프리카 태양 아래서 일을 하는 그들의 어려움은 이루 말할 수 없었다. 농토 만드는 일은 계획 당시 마을 주민 전원인 약 300세대가 농민조합에 참여하였지만, 하루 평균 200가구 주민이 나와서 일을 하였다.

　그런데 약 한 달이 지나자 일하는 숫자가 점점 줄기 시작하였다. 결국에는 70명도 채 안 되어 작업의 속도가 느려지기 시작했다. 농토를 만드는 일을 하루속히 끝내야만 한다. 비가 시작되는 우기 전에 작업을 마쳐야 농사시기를 놓치지 않기 때문이다. 우리 사업단엔 비상이 걸렸다. 한국에서 오신 농학박사님도 점점 지쳐가고 있었다. 난 주님께 지혜를 달라고 기도하였다.

　그날 오후 비상 마을총회의를 갖자고 알린 후 급히 현장에 달려갔다. 주민회의 결과, 오전에 제공하는 빵과 차만으로는 부족하고 그들의 식량인 옥수수 가루가 필요하단다. 오전에 이곳 농토에서 일을 마친 본인은 빵을 먹었지만, 다른 가족의 식사를 위해서는 식량이 필요하다는 것이었다. 가난으로 인한 배고픔의 고통을 감내하면서도 그들의 처지를 창피로 알고 외부인에게 쉽게 말하지 않는단다. 하지만 이제 나오지 못하는 이유라도 알았으니 대책이 필요했다.

충분치는 않지만 최소한 온가족 저녁 한 끼 식사가 될 수 있도록 옥수수 가루를 구입해다가 마을창고에 쌓아놓고, 최소한 그날의 양식이 될 수 있도록 농사작업 후에 제공하기로 약속하고 주민들을 달랬다. 옥수수 배급이 시작된다고 약속한 다음 첫날, 약속을 지키기 위하여 부리나케 읍내에서 옥수수를 구입하여 실어 날라야 했다. 옥수수 배급소식에 고무된 주민들은 작업참가 숫자가 다시 200여 명으로 늘었다. 오후 1시경 일을 끝내고, 사람들은 옥수수 가루를 기다렸다. 하지만 소매는 워낙 비싸고 구입량이 많아 시내 정미소를 찾아서 직접 대량 구입하여 트럭으로 날라야 하는 바람에 오후 4시 반경에야 겨우 마을에 도착할 수 있었다. 옥수수가 도착하는 첫날, 유별나게 옥수수 밭에는 축복의 비가 촉촉이 오고 있었지만, 대부분 맨발로 그 비를 종일 맞으며 밭에서 일한 아낙네와 노인 분들은 옥수수를 받기 위해 몇 시간이나 기다려야 했다. 늦게 도착한 내가 한없이 미안한 심정이었다.

드디어 주민들이 웅성거리는 가운데 눈이 빠지게 기다리던 옥수수 배급이 시작되었다. 몇 시간을 지친 몸으로 기다렸는데, 첫날이고 급한 김에 우선 하루분만 사온 것이 후회되었다. 나는 모자라서 못 받는 주민이 생기지 않을까 걱정이 되기 시작하였다. 그래서 즉석에서 조금씩 덜 받더라도 모든 주민들이 빠짐없이 받자고 제안했다. 다행히 거의 200여 농민들에게 나누어줄 수 있었다. 옥수수 가루를 받아가는 농민들에게 조금이라도 온 가족의 따뜻한 저녁식사가 되기를 바랐다.

그 후 약 4개월 동안 옥수수 가루를 식량으로 나누어 주었으니 상당한 재원이 필요했지만, 그만큼 보람 있고 값어치 이상으로 역할이 되었다고 본다. 며칠 후 이곳 선교사님에게 이 얘기를 말씀드렸더니, 이곳 주민들은 비 올 때는 들판에 절대로 나가서 일하지 않는단다. 들판에서 비를 맞고 일을 하다 저녁에 그 차가운 냉골 흙바닥 집에서 이불도 없이 잠들면 허약한 주민들의 건강에 큰 치명타를 주기 때문이란다. 본인들의 가난 극복을 위하여 함께 일하고 있지만 주민들에게는 안타까운 하루였다.

▲ 옥수수 씨앗을 심는 모습

▲ 농토를 만들어낸 주민들과의 환호(코이카 김승범 부장님이 현지를 방문하여 축하해주셨다.)

비를 주세요

비가 흠뻑 내려야 옥수수의 풍성한 수확이 예상되고 그래야 주민들의 식량이 확보될 수 있다. 주민들과 함께 그 넓은 농지를 만들고 옥수수 씨앗을 심었지만 예년보다 유난히 가물어서 땅이 갈라지고 옥수수 잎이 말려가는 등 수확량에 심각한 상황이 예고되었던 것이다. 비는 누가 해결해주지 못하는 것 아닌가? 그러고 보니 오직 하나님만이 하실 수 있는 사항이었다.

그런데 마지막으로 비 온 지가 약 3주가 다 되던 날, 농사를 주도하시는 안희성 박사 하시는 말,

"김 단장, 기도 좀 해줘~."

"비가 안 오면, 그 힘든 농사를 모두가 힘들여 일했는데, 수확량이 반도 안 될 것 같아."

"마을 사람들이 같이 기우제 지내자는데~."

"기우제를 지낼 때면, 벌거벗고 해야 해." 그의 말에는 너털웃음 반 간절한 마음 반으로 비에 대한 염원이 섞여 있었다.

"알았어요. 안 박사님, 오늘 저녁 집에 가서 기도할게요."

그렇게 얘기 해놓고는 일에 지친 몸으로, 혼자 식사를 마친 후, 잠자리 들기 전 잠시 기도했다. 그런데 3주 만에 정말 비가 왔지만 조금밖에 오지 않았다. 그래도 반가웠다. 그저 땅만 적시고, 잎에 이슬처럼 물기만 묻어 있어도 신기했다.

그다음 날 아침, 안 박사가 현장에서 내게 다시 전화를 주었다. "어제 기도 좀 한 모양이지, 그거 갖고 안 돼. 더 세게 기도해."

"알았어요, 오늘은 좀 더 세게 기도할게요."

"제가 조금밖에 기도 안 했는데, 그래서 조금만 온 것 같네요."

그렇게 웃으며 대꾸를 했지만, 어제 좀 더 세게 기도 못 한 후회를 하면서도 속으로는 '정말 주님이 내 기도를 들어주신 것일까?' 하는 마음이 들었다.

그날 저녁, 안 박사와의 약속대로 시간을 약 세 배(?) 정도 더 투입하여 잠자리 들기 전에 주님께 비를 달라고 기도했다. 나의 숙소는 마을에서 차로 약 20분 거리에 떨어진 곳에 위치하고 있었다. 난 그 저녁 기도 후에도 여전히 맑은 밤하늘을 바라보며 불안한 마음으로 잠자리에 들었다.

그다음 날 아침, 영농 현장으로부터의 우렁찬 전화 목소리!

"김 단장, 어제 세게 기도했나봐!"

"팡가웨 마을에 밤새 비가 흠뻑 내렸어. 이 정도면 한 2주간은 비가 안 와도 버틸 것 같아."

"수확량도 예상보다 훨씬 많아질 것 같아."

하나님이 정말 나의 기도를 들어주셨다. 하지만 나의 얇은 기도 때문이 아니라 나의 사업을 위해 기도해주신 온 영신교회 성도님의 덕분임을 고백한다. 옥수수 밭은 정말 장관이다. 그냥 서서 바라만 보아도 마음이 풍성해지고 하나님의 은혜를 받는다.

▲ 잘 익어가는 옥수수 밭 전경

추수 첫날

기다리던 추수가 드디어 시작되었다. 우리 사업소가 제공한 경운기를 활용하여 주민들이 밭에서 계속 옥수수자루를 실어 날랐다. 밭 한쪽에서는 탈곡기를 사용하여 옥수수 낟알을 탈곡하니 그토록 원했던 식량이 쌓여만 간다. 참여했던 농민들은 신이 났다. 목소리도 우렁찼다.

농민들은 이제 추수도 하면서 참여비율로 옥수수도 가루도 나누어 갖고 또한 옥수수 판매도 시작되었다!

그런데 농민들에게 옥수수 판매에 대한 홍보가 부족했나 보다. 설명이 잘 안 된 상태에서 옥수수를 판매한다고 트럭을 들이대고 추수한 옥수수 자루를 싣는 광경을 보더니 농민들은 옥수수를 빼앗기는가 해서 분노에 찬 것 같았다. 농민들은 오전 내내 일도 하지 않고, 한국의 농학박사님의 장시간 설명에도 불구하고 오로지 나와의 대화만을 요구한다고 현장에서 긴급 연락이 왔다.

현장에 달려가 보니, 농학박사님은 이제 말할 기운도 없다 하시면서 나무그늘 아래 쉬고 있고, 밭에서 일하던 주민들도 모여서 웅성대기만 하고 있었다. 어떻게 설명을 해야 주민들이 이해하고 다시 일을 할까?

나의 설명으로 주민들의 오해가 풀릴 수 있도록 해달라고 잠시 하나님께 기도드렸다. 아기 업은 아낙네, 남편 없는 과부, 신발조차 신지 않고 종일 일하다 모인 할머니, 대부분이 여성인 그분들이 옥수수를 도둑맞는 심정이 들으니 무슨 말이 그들에게 위로가 될까?

▼ 추수한 옥수수를 말리고 탈곡하면서 즐거워하는 농민들

주민들에게 약 두 시간에 걸쳐 설명을 진행하였다. 나의 영어를 이어받아 현지직원이 아프리카 스와힐리어 통역으로 주민들에게 설명하였다. "여러분들의 땀의 대가인 옥수수는 약속대로 절반가량은 출석률대로 다 나누어 줄 예정이다", "오늘 팔아서 받는 옥수수 대금은 고스란히 통장에 모아 놓았다가 내년 농사에 쓰일 것이다" 등 아주 천천히 그리고 짧게, 짧게 설명하였다. 그날 회의가 무사히 종료되었다. 나의 설명을 이해하여 준 주민들에게 오히려 내가 감사함을 느꼈다. 설명이 끝나고 무리들 맨 앞 땅바닥에 주저앉아 내내 나의 설명을 듣고 있던 할머니 두 분을 나도 모르게 덥석 안아 드렸다.

▼ 첫 옥수수 판매 날! 좌로부터 영농 안희성 박사, 첫 고객이 된 윤봉석 선교사 그리고 필자

풍요로운 나눔

　그렇게도 바라던 옥수수 수확이 시작되자 사람들도 신명이 났다. 나오지 말라고 해도 매일 아침에 나오는 주민들의 숫자가 늘어만 갔다. 워낙 넓은 대지 위에 농사를 지었으니 당연 수확량도 많았다. 농사 중간에 비가 오지 않아 한동안 모두의 애를 태우기도 했고, 말미에 뿌린 씨는 제대로 자라지 않아 언덕 위의 옥수수는 작황이 형편없었다. 그래도 유독 팡가웨 마을의 60헥타르의 농지에서 250여 톤이란 어마어마한 옥수수가 수확되었다. 윤 선교사님 말로는 모로고로 지역도 비가 고르지 않아 작황이 정말 형편없는데 유독 팡가웨 마을 농사만 잘 되었다고 한다. 이 어찌 하나님이 함께하시지 않음인가!

　사업단은 주민들을 설득하여 추수의 반은 주민들의 참석률에 따라 나누어주고 나머지 반은 판매하여 조합비용을 만들기로 합의하였다. 내년도 농사에 필요한 농기계유지관리비, 종자대, 비료대 등을 구입할 돈을 만들어놓아야 했기 때문이다. 2012년 10월 추수를 다 마치고 모로고로 지역 옥수수 도매상 등에 판매한 대금을 계산해 보니 26,000달러가 되었다. 이 비용은 주민들의 소중한 자산이 되어야 하니 자연 통장관리에도 상당한 신경이 쓰였다. 그래서 우리 사업단에서 입출금관리를 지원하였다. 마을 주민들에게는 상상이 안 가는 거액이었기에 금전사고가 나는 것을 우려했기 때문이다. 또한 주민들은 참여비율대로 옥수수를 가져갔으니 최소한 몇 개월간의 식량은 해결한 셈이었다.

옥수수를 나눌 때는 약 삼일 전에 예고하였다. 그날은 참가인원이 더 많았다. 서로 더 배급받을까 신경을 곤두세우고 있는 상황에 저울과 일정 크기의 플라스틱 통을 활용하여 나누어주었다. 그런 날은 직원들의 근무시간도 배로 더 걸린다. 현장을 다녀온 직원들은 피곤해 해도 신이 나 보인다.

내년 농사경작시기인 3월은 춘궁기이다. 즉, 농사를 짓기 시작할 때는 벌써 옥수수가 다 떨어지니 내년 농사지을 때 식량으로 나누어 주기 위해 옥수수 몇 십 가마를 창고에 비축해두었다. 그런데 농사시작기인 3월에 나누어주려던 이 비축용 옥수수 가루는 배고픔을 못 참고 지난 12월에 벌써 다 나누어 먹었단다.

주민들은 작년 농사에 이어 올해도 열심이다. 올해는 작년보다 더

수월하다. 이미 험난한 과정을 거쳐 작년에 농토를 만들어 놓았기 때문이다. 비도 작년에 비해 고루고루 내리니 대풍을 예고한다. 올해는 작년에 번 돈을 활용하여 공동농장뿐만 아니라 그 주민들의 희망을 받아들여 자기네 텃밭에 심을 종자, 비료, 농기구 등을 현물로 지원하여 줄 수 있게 되었다.

그러니 올해는 공동농장에서의 대풍뿐만 아니라 자기네 텃밭에서도 제법 좋은 결실을 맺을 수 있게 될 것이다. 이제 곧 우리 사업단은 문을 닫아야 한다. 작년을 거울삼아, 그동안 들인 공을 무너뜨리지 않고 참여한 주민에게 골고루 혜택이 돌아가기만을 간절히 기도할 뿐이다.

▲ 수확한 옥수수를 차로 실어 나르는 모습

▲ 수확한 옥수수를 탈곡하여 자루에 담는 모습

4부

고난 중의 감사

농민의 땀의 결실과 비 탓분에 무럭무럭 자라고 있는 옥수수 모습

용서해야만 한대요

내가 맡은 농촌종합개발사업이 2년여의 세월에 묻혀 훌쩍 지나가 버리고 사업이 종료단계에 와 있었다. 그간의 노력에도 불구하고 영농, 축산, 시공 등 각 부문사업의 당초 목표치 보다 많이 뒤쳐져 있으니 참으로 안타까웠다.

워낙 마을 사람들이 배우지 못하고 경험이 없는 것은 이해하지만, 삶의 방식이 서구의 영향을 받아 그런지 농촌에서조차도 개인적인 삶이 되어 서로 협동하지 못한다. 워낙 가난하여 남을 생각할 처지가 못되는 경우도 있으리라. 처지가 그러하니 일의 성과도 자연 저조하다.

▲ 제1회 탄자니아 어린이날 행사 날, 왕관을 쓴 그날의 주인공들
(사진 우측 아래, 아이를 안고 환한 웃음을 짓는 김은선 자매)

　　며칠 전 현지직원이 아버지가 사고 당해 병을 간호해야 한다고 해
서 5일간의 휴가를 준 적이 있었다. 그는 사업단에서 주민들에게 사용
되어야 할 경비를 본인 아버지의 약을 사는 데 몰래 써버렸다. 그런데
10일이 지나도 나타나지 않으니 자연 사업 일정이 늦어지고 있었다.
이것은 그래도 기특한 경우이다.

　　마을 사람들이 협력하여 일을 해야 할 때에도 여러 가지 불협화음이 일어난다. 마을 이장부터 젊은이까지 제 욕심만을 차리니, 골고루 사업혜택을 주기 위해 노력하지만 쉬운 일이 아니었다. 사실 이러한 탄자니아 사람들의 자기만 아는 이기적인 행동들은 그들의 생활환경이 너무도 열악하고 그 누구 하나 돌보아 주지 않는 정부의 무관심이 주민들을 그렇게까지 행동하게 했다고 해야 맞을 것 같다.

사업종료기간이 다가오니 사업을 완성시키는 방향으로 추진하려 애썼다. 하지만 많은 부분에서 점점 더 어려운 상황과 이해 못 할 일들이 벌어져 나의 애를 태웠다. 어느 날 오전에 나는 직원들에게 잔뜩 화를 냈다. 화를 내다 제풀에 지쳤는지, 오후에 직원들에게 그만 항복을 선언하고 말았다.

난 사무실에서 두 손을 번쩍 들어 "오늘은 용서의 날(Day of Forgiveness)"이라고 큰소리로 외쳤다. 반성하고 서로 용서하자고, 그리고 너털웃음으로 하루 일과를 정리하였다. 최근 스트레스로 생긴 당뇨수치가 더 올라가는 것 같았다. 그날을 용서의 날로 선언하고 퇴근 후 저녁 텔레비전을 통해 CGNTV 기독교방송을 보았다. 마침 고인이 되신 하용조 목사님의 설교가 진행되고 있었다. 그런데 웬일인가, 놀랍게도 설교의 주제가 '용서'였다.

서로 용서하자, 용서하지 못하면, 그 용서하지 못한 짐이 다시 내게로 돌아온다. 남에게 분노를 내면 그 분노는 다시 비수로 변하여 그 비수가 내게 꽂혀 말할 수 없는 상처를 내게 준다. 그 설교 말씀을 들으니, 오전에 내가 얼마나 남의 가슴에 상처를 주었으며 또한 스스로 내 가슴에 비수를 꽂았는가 생각하니 섬뜩하였다. 요즘 3월은 모로고로가 우기철이라 우루구루 산에서 내려오는 공기가 서늘하고 나무와 풀의 향 내음이 좋다. 산등성에 위치해 있는 나의 집안은 서늘한 향 내음이 산바람을 타고와 모처럼 포근한 잠을 이룰 수 있었다.

▼ 마사이족, 그들은 소먹이를 위해 늘 이동하는 바람에 정착한 농민들의 밭에 들어가기 일쑤여서 잦은 충돌과 싸움이 벌어진단다.

아름다운 새소리로 일어난 다음 날 새벽, 일어나자마자 켠 기독교 방송에서는 한 목사님이 일본에서 일어난 쓰나미 사건을 들어 설교하고 계셨다. 쓰나미로 인해 얼마나 많은 사람이 희생당하고, 고통과 아픔을 일순간에 겪어야 했는지, 그럴지라도 하나님께 의지하고 감사해야 한다는 말씀이었다.

사실 이러한 재난은 어디에서나 얼마든지 일어날 수 있는 자연의 대재난이므로 남 이야기가 아님에 등골이 오싹했다. 난 지금 얼마나 축복받은 사람인가? 아침 산책길, 전날 산턱에 내린 가벼운 비로 풀과 나무가 촉촉이 젖어 있다. 비로 떨어진 꽃들도 나무 아래 떨어져 산길을 덮었다. 걷는 길 나뭇가지 사이로 새들이 지저귄다.

하나님! 오늘 살아 있음에 그리고 아름다운 자연 속에서 새들의 노랫소리를 듣게 하심에 감사합니다. 새 아침 출근길을 서둔다. 하나님, 오늘 하루 서로를 용서하게 하옵소서!

너는 마음을 다하여 여호와를 신뢰하고 네 명철을 의지하지 말라. 너는 범사에 그를 인정하라. 그리하면 네 길을 지도하시리라. 스스로 지혜롭게 여기지 말지어다. 여호와를 경외하며 악을 떠날지어다.

― 필자가 어려운 결정을 해야 할 때마다 의지했던 성경 구절

감사의 날인가요?

　　나는 사업 초기에 채용한 행정직원을 7개월만에 해고해야만 했다. 전반적으로 행정능력이 떨어져 도저히 험난한 긴 사업을 함께 일하기 어렵다고 판단하여 내린 결정이었다. 그런데 그녀에게 한 번의 기회를 더 주었던 것이 화근이었다. 채용 후 3개월이 지나면 직원의 해고는 정부의 노동중재위원회를 거쳐야만 가능하단다. 이렇게 노동법이 강하니, 대부분 회사에서 청년들을 계약서 없이 채용하니 공무원을 제외하고는 탄자니아에서 계약서를 갖고 일하는 정식직원들이 많지 않다.

　　그녀는 근무 마지막 날 월급도 다 받고 휴가까지 다녀오더니 바로 다음 날 법정에 날 고소하여 법원에서 나온 사람들이 사무실로 들락거리는 통에 일도 제대로 손에 안 잡히고 참담한 날을 보내야만 했다. 후에 변호사로부터 이야기를 들으니 해고할 때 국가의 노동중재위원회를 거치지 않았다는 것을 나중에야 알게 되었다. 그녀는 여러 기관 등에 자기의 억울함과 내가 여러 직원들에게 부당행위를 했다고 편지를 보내는 등 여러 기관들에게 항의서신을 보냈다. 참으로 어이가 없었다.

난 사실 그녀에게 다른 어느 직원보다 더 많은 배려를 하였다. 그녀는 부족한 컴퓨터 실력에 문서작성능력과 업무에 대한 이해도가 전반적으로 떨어졌다. 그녀를 그래도 함께하고자 능력이 떨어지는 부분은 내가 대신해주었는데 무한정 할 수는 없는 노릇이었다. 그런 줄 알면서도 한 번의 기회를 더 주었던 이유는 그녀에 앞서 나는 벌써 너무 자질이 떨어져 수습기간을 채우기도 전에 세 청년들을 해고한 쓰라린 경험이 있었기 때문이다.

직원들의 기술적인 자질도 떨어졌고 인성도 예상외로 거칠었다. 학교 다니면서 변변히 컴퓨터교육이나 기술적인 면의 교육을 받지 못한 탓인 것 같다. 인성이 거친 것은 아무래도 가정이나 사회환경이 열악하여 자라면서 정상적으로 기본적인 예절 등을 체득할 기회가 없었던 것으로 이해된다.

그래도 내가 제일 배려하였던 사람에게 당한 것이 정말 마음이 아팠다. 모로고로에 계신 박용우 선교사님에게 상의를 드렸다. 그런데 그분도 가장 배려했던 사람에게 상처를 입었다며 이것이 그들의 문화인지 모르겠다고까지 하신다.

그분뿐만이 아니었다. 최창식 선교사님은 본인이 가장 아끼고 함께 십여 년간 일하였던 현지직원이 최 선교사님이 한국에 다녀오기 위해 집을 비운 사이 창고에서 도둑질하여 물건을 내다 팔다 걸린 직원을 현장에서 잡아 경찰서에 신고하였다. 하지만 그 사람의 앞날이 불쌍하게 여겨진 최 선교사는 경찰의 만류에도 불구하고 그 사람을 용서해주기로 하고 경찰서에 요청하여 그를 풀어주었다. 그런데 바로 그 사람이 최 선교사님을 무고죄로 고발해 법정에 서게 되었단다. 이후 최 선교사님은 외국인이라는 이유로 경찰서나 법원 등으로부터 많은 차별과 고난, 벌금 등으로 몇 년간을 고생해야 했단다. 내가 당한 고소사건은 양쪽 변호사가 개입하여 일 년여 동안 십여 차례의 재판이 열린 후에야 필자가 승소하면서 막을 내렸지만 씁쓸함을 감출 수 없었다. 나는 상처받을 일들을 당하기 전에 가급적 현명하게 피할 길을 달라고 주님께 기도하였다.

> 사람이 감당할 시험밖에는 너희가 당한 것이 없나니 오직 하나님은 미쁘사 너희가 감당하지 못할 시험당함을 허락하지 아니하시고 시험당할 즈음에 또한 피할 길을 내사 너희로 능히 감당하게 하시느니라.
>
> — 심적으로 감당하기 어려운 일들을 당할 때마다
> 피할 길을 주시라고 읽었던 성경구절

▲ 최창식 선교사가 개척한 모로고로 소재 PGM 성경대학 전경 일부

▼ PGM 성경대학 식당 등 생활관 모습

고난 중 감사

고난이 내게 감사일 수 있을까? 난 인생 50대 초반에 다다르면서까지 생전 이런 질문을 해본 적이 없다. 아니, 내겐 감사란 세상에서 말하는 출세나 부자가 되는 정도로 생각할 뿐이었다.

나의 삶이 다른 분들에 비해 그다지 평탄한 것도 내세울 것도 없이 살아온 것이 사실이지만 그렇다고 아주 어려움을 당하여 생을 포기하고 싶었다거나, 극한적인 어려움에 처한 경험은 없었던 것 같다.

처음 이곳 탄자니아에 도착했을 때 이곳 사람들에겐 축복이 될 것이라고 생각한 50억 원이라는 그 큰 원조자금이 내겐 감당하기 힘든 고난으로 변하여 다가올 줄은 몰랐다. 다른 사람의 축복이 내게는 고난으로 다가온다는 것은 참 아이러니하다.

우선, 막대한 원조자금을 적절하게 집행하는 것 자체가 어려웠다.

서로가 못 믿는 사회이다 보니 더욱 힘들었다. 개인도 회사도 공무원도 사업지구 주민들도 심지어 내가 채용한 직원들도 썩 믿을 구석이 없으니 말이다.

　　나는 차로 모로고로에서 코이카 지역사무소가 있는 다르살렘으로 업무출장을 자주 다녔다. 길에는 수많은 차들이 옆으로 자빠져 있거나, 사고로 불에 휩싸여 있는 것을 자주 본다. 그만큼 위험에 많이 노출되어 있다는 것이 사실이다. 앞에 사고 난 차량이 있기라도 하면 몇 시간 기다리는 것은 다반사이다.

▼ 문 잠긴 슈퍼마켓 앞에 처량히 앉아 있는 장님(주인은 주중이라도 오후가 되면 기도하러 가느라 잠시 영업을 멈춘다.)

이곳 사람들은 법원을 자주 애용한다. 현실에서 서로 믿고 해결하는 것이 아니라 사소한 일로도 이웃사람을 법원에 고소한다. 소송은 대개 짧게는 일 년에서 몇 년간 진행되어야 한단다. 탄자니아 보통사람들의 삶으로 살다보면 일생에 몇 건의 소송은 보통이란다.

그런데 탄자니아 사람의 보통생활도 내게는 고난으로 여겨질 만큼 어려웠다. 그렇다면 왜 그 고난을 나는 감사로 받아들여야 할까 곰곰이 생각하여 보니, 살아 있음에 감사했다. 하루하루 앞날을 삶도 모르는 그들과 부대껴서 사니, 상대적으로 난 무사함에 감사를 느꼈다. 툭하면 아파서 괴로워하거나 걸핏하면 사고로 유명을 달리하는 사람이 많으니 그 가운데 날 지켜주심에 감사해야 했다.

사무실의 크고 작은 일들이 해결될 때마다 감사했다. 이른 아침, 아프리카의 아름다운 새의 노랫소리에 잠이 깨니 새로운 하루 주심에 감사했다. 새벽 산책길에 오늘도 산과 나무, 꽃을 보며 걷게 하시고 맑은 공기와 푸른 하늘을 주셔서 감사했다.

이 먼 곳 아프리카에서도 텔레비전으로 한국의 기독교방송을 볼 수 있도록 하여 주심을 감사했다. 그렇다. 범사에 감사한다는 말은 이런 것을 얘기하는 것일까? 고난이 나와 친구하자고 하기 전까지는 감사는 그저 희미한 그림자였을 뿐이었다. 내게 고난은 분명 감사로 승화했다고 할 수 있다.

나에게 다가온 고난 중에 함께 기도하여 주셨던 믿음의 식구인 영신교회 목사님과 성도님들의 중보기도가 있었다. 또한 모로고로 선교사님들의 위로와 기도가 내가 고난의 긴 터널을 지나갈 때 위로하고 지켜주셨다. 고난이 감사를 넘어 축복의 통로가 되길 간절히 기도한다.

▼ 다르살렘 출장 시 운전기사 오마리와 함께(그는 탄자니아에 대한 경험이 없는 나에게 때론 친구
　처럼 조언해주었다.)

사업착공식 날

오늘은 옥수수 대농장과 건물착공식 날~

팡가웨 마을의 주민들과 정말 어렵게 만들어낸 60헥타르의 드넓은 옥수수 꽃물결이 장관이었다.

탄자니아 수상, 한국 대사, 코이카 사무소장, 모로고로 도지사, 모로고로 공무원, 그리고 이 사업의 주인인 마을 사람 등 3천여 명이 함께 기뻐한 날이었다. 행사 날, 식재료를 우리 사업단이 화물차로 실어 날랐다. 주민들이 황소 2마리를 비롯하여 각종 야채, 쌀, 큰 솥단지 등 잔치 채비를 하였다.

사업단은 그날 300여 명의 아이들과 선생님들에게 미리 제작한 예쁜 티셔츠를 선물하였다. 또한 나뭇가지를 흔들며 그날을 축하하는 아이들에게 줄 맛있는 영양빵과 주스를 선교사님께 미리 부탁하였다.
300여 명 초등학생들의 공연준비는 참 눈물겨웠다. 보통 학생들은 종
일 굶고, 잠들기 전 한 끼 옥수수풀죽을 끓여 먹으면 다행이라 한다.

　우리 사업단은 300여 명의 학생들을 위한 학교를 현재 건설 중에
있다. 이날을 축하하기 위해 방문하시는 모든 손님에게 보여줄 공연
을 준비하도록 교장선생님에게 부탁하였다.

▼ 행사 당일 팡가웨 마을 입구도로의 아이와 선생님들이 탄자니아 총리와 주 탄자니아 한국 대사
　등 일행을 맞이하기 위해 기다리고 있는 모습(이날을 축하하기 위해 아이들에겐 티셔츠를 선생
　님들에겐 푸른 상의를 맞춤 제작하여 선물하였다.)

행사에 내외귀빈들이 참석하고 마을 주민들은 그날 아프리카 특유의 춤을 추며, 소리를 지르고 환호했다. 워낙 귀빈들이 길게 연설하고, 생각지도 않았던 마을 주민들의 춤사위가 두 번이나 괴성을 지르면서 이어졌다. 행사가 오후 3시가 넘어가면서 이제 행사 막바지에 다다라, 최종적으로 탄자니아 수상의 답사만이 남았다.

▼ 기뻐서 춤추는 팡가웨 마을 아낙네들. 그들은 행사 일정에도 없는 춤을 두 번씩이나 추었다.

그날 행사 내내 학생들의 차례를 기다리고 있던 한국인 자원봉사자가 내게 다가와, "학생들의 공연은 취소되느냐?"고 물었다. 2주간 굶주린 배를 움켜쥐고 열심히 공연을 준비한 학생들을 모두 잊고 있었던 것이었다. 행사를 진행하던 모로고로 부군수에게 학생들의 준비를 설명하고 군수를 설득하여 짧게나마 팡가웨 마을의 미래주역인 학생들의 보석같이 빛나는 공연을 볼 수 있었다.

▼ 행사 끝 무렵 겨우 얻은 차례에 신나게 춤을 추고 있는 팡가웨 초등학교 학생들

사실 우리 사업단은 마을진입도로를 공사하고 있는 중이었는데 아직 완공이 되지 않아 비가 오면 진창이 될 것이 뻔했다. 그러면 그날 행사의 귀빈들이 사용해야 하는 도로를 사용하지 못할 수도 있었다.

늘 비를 달라고 주님께 기도하다가, 그날 행사 당일은 제발 비가 오지 않으면 좋겠다고 기도하니, 참 머쓱한 기분이 들기도 했다. 그런데 당일 아침 행사장 마을의 하늘은 온통 먹구름이 끼어 있어, 불안한 마음을 감출 수 없었다. 정말 빗방울이 조금씩 떨어지는 순간, 나는 기도했다.

"주님, 행사가 끝나는 오후 네 시 이후는 비가 와도 괜찮습니다."

"그 이후에 옥수수를 위해 비를 주세요!"

기도 해놓고는 순간 나는 '주님께 너무 심하게 요구하지 않나' 하는 생각에 혼자 웃었다. 모든 행사 순서가 순조롭게 끝나고, 마을 사람들이 종일 준비한 식사로 온 마을 주민들이 잔치를 벌일 즈음 나는 직원들과 함께 어둑해지기 시작한 마을을 빠져나왔다.

그날 저녁 같이 수고한 한국 코이카 자원봉사단 청년들과 함께한 저녁 식사 자리에서 그날 행사의 에피소드로 한창 이야기꽃을 피울 때 하늘에서 단비가 내리기 시작했다. 그 축복의 단비는 농민들이 일군 옥수수 밭과 나의 가슴을 포근히 적시며 한밤중을 넘어 새벽까지 이어졌다.

탄자니아 제1회
어린이날

2011년 어느 봄날 회사로부터 이곳 지역사회에 봉사하라는 공문을 받았다. 해외에서 행해지는 봉사활동을 글로벌 사회공헌이라고 부른다. 평소에는 봉사를 하지 않았지만 회사의 명령이니 실행하고 그 결과를 공문으로 보고해야 한다. 나는 모로고로에 계신 윤봉석 선교사님의 농장에 있는 천막교회 주민들과 함께 시간을 보내기로 결정하였다.

마침 한국의 5월 5일 어린이날이 다가오니 이와 유사한 행사를 진행하자고 논의하였다. 이곳 탄자니아에는 어린이날이 없을 뿐 아니라 가난한 부모들은 자녀를 신경 쓸 겨를도 없으니 나름 의미 있는 행사가 될 것 같았다.

사회공헌 행사 당일 날! 일요일 아침 막 집 대문을 나서려는데, 갑

자기 울리는 전화벨소리. 이른 아침부터 그날의 준비를 하고 이미 현장에 도착한 선교사 사모에게서 전화가 왔다.

"소장님, 케이크를 못 먹어 본 아이들을 위해, 지난 밤 케이크를 만들었는데 그만 케이크를 깜박하고 집에다 놓고 왔어요."

"그래서 사람을 다시 집에 보내어 가져오려는데 그러면 한 시간여 정도 행사 시작이 늦어지는데 괜찮을까요?"

사실 그날 오후 3시경 사무실에서 악명 높은 시공회사의 엉뚱한 주장에 대처하기 위해 엔지니어링팀과의 대책회의를 소집해놓은 나로서는 난감했다. 나의 주저를 눈치 챈 윤 선교사 사모는 "그럼 내일 그냥 마을교회에 케이크만 보내어 먹어보지 못한 케이크를 맛보도록 할게요!" 하면서 전화를 끊었다. 전화가 끊어졌지만 그날의 어린이 행사에 케이크는 중요한 것 같았다. 다행히 모로고로 읍내의 평소 가던 슈퍼마켓에서 케이크를 살 수 있었다.

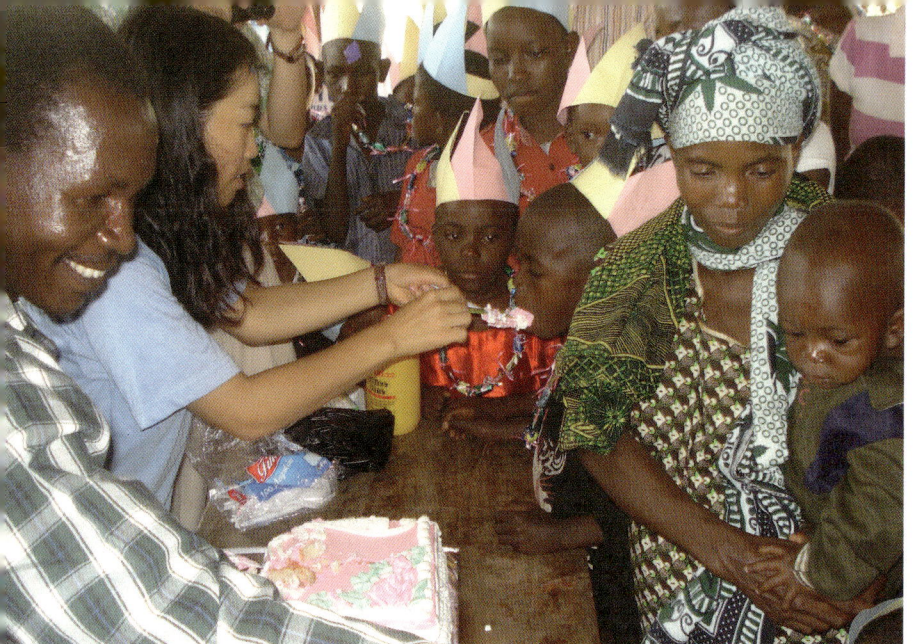
▲ 아이들에게 케이크를 떠먹이는 김은선 자매

　　진열장에서 제일 큰 것으로 골라 사가지고, 예배가 막 시작되는 시
골 움막교회에 엘리, 오마리 등 우리 사무소 현지직원들과 함께 도착
하였다.

　　알아듣지도 못하는 아프리카 스와힐리 언어 예배.
　　마침 불어오는 선선한 바람에~
　　그래도 할렐루야~, 아멘~은 알아들을 수 있었다.
　　신도 중 한 사람이 조그만 북을 치며, 영혼의 목소리로 찬양하는
　　탄자니아 마을 주민과 어린이들.

▲ 당시 윤봉석 선교사의 천막교회 예배 모습

　때마침 지난 일주일 수많은 시련과 도전으로 상처 입은 영혼을 시원하게 하기에 충분한 감미로운 바람이 불어온다. 그 감미로운 바람이 하나님의 사랑스러운 변화의 기운으로 바뀌어 오후의 시공대책회의도 은혜롭게 이루어지리란 예감이 들었다. 그런데 갑자기 예배 중에 의자에 앉아 있던 한 신도가 그 자리에서 푹 하고 땅으로 쓰러졌다. 말라리아에 걸린 그 남자는 아직 회복이 되지 않은 상태에서 교회에서 즐거운 행사를 한다니 참석하여 예배를 드리는 중이었다. 참 안타깝다. 사람들이 일으켜 세우고 쉬게 했다. 선교사님 댁에 단기선교를 위해 머물고 있는 김은선 자매 등 세 자매는 이날을 위해 많은 준비를 하였다.

▲ 아이들의 물감놀이 모습(처음엔 손바닥을 찍다가 아예 신발을 벗고 도화지 위에 올라가 발바닥으로 찍었다.)

　　세 자매는 그날 아이들을 위해 새로운 옷을 준비하였다. 일일이 치수를 고려하여 수십 명의 아이들의 옷을 사고 겉봉투에 이름을 적는 정성스러운 준비를 하였다.

▲ 평소 놀이라는 것을 모르는 탄자니아 아이들이 손과 발을 이용하여 물감놀이를 완성하였다.

예배를 마치고, 이날 교회 신도들과 어린이들은 색종이를 뜯어서 붙이는 놀이를 할 차례였다. 이를 준비하고 열심히 하는 김은선 자매와 몇 달간 이곳에 봉사활동을 위해 온 한국의 여대생들이 정성스레 준비한 덕분에 모두들 즐거운 시간을 가졌다. 김은선 자매의 경우 이틀 전에 말라리아에 걸려 몸도 좋지 않은데 최선을 다하는 모습이 천사같이 아름다웠다.

　이윽고 준비된 도화지와 풀들이 도착하고 영문으로 한국, 우리 회사 영문약자에 색종이를 뜯어 붙이는 놀이를 하였다. 이어서 미리 만든 종이왕관을 아이들에게 일일이 씌워주고, 사탕목걸이에 일부 학용품까지 나누어주니, 아이들과 함께한 어른들도 즐거워했다. 행사 이후, 윤 선교사님이 준비한 맛있는 식탁까지 약 60여 명의 성도들과 아이들은 모처럼 행복하고 풍성한 시간을 가졌다. 선교사 내외분과 단기선교로 수고하는 자매님들을 통하여 탄자니아 교회 성도와 아이들에게 기쁨을 주었고 그들과 함께함으로 오히려 내가 주님의 은혜를 듬뿍 받는 날이었던 것 같다.

　어느덧 세월이 흘러 탄자니아 체재 막바지 무렵에 제3회째 탄자니아 어린이날을 맞이한 2013년 5월, 그날의 행사를 계기로 어린이성경학교가 교회에 개설되었다는 소식을 들었다. 이제껏 신도들의 생계 해결의 과제를 넘어서 탄자니아 미래주역을 키우는 일에도 영역을 넓히셨다는 소식에 나도 기뻤다.

▲ 옷과 학용품 선물을 받고 즐거워하는 아이들(이날의 행사를 준비한 은선 자매와 단기 선교팀
은 일일이 아이들의 치수를 미리 파악해 옷을 골랐고 봉투마다 아이들 이름까지 적는 정성을
보였다.)

직원들과의 야유회

2012년 가을 무렵 어느 날, 건설사업부문 일부가 잘 진척되지 않아 어려움을 겪고 있을 때 사무실 분위기는 정말 초상집 같았다. 초등학교, 축산센터, 마을회관, 관개시설, 마을도로 등의 건설을 맡았던 회사는 탄자니아 소재 다국적 건설 회사였다. 회사규모도 크고 1군 업체라 믿을 만할 것이라고 믿었던 게 화근이었다. 원조사업을 위해 한국의 정부세금을 들고 왔기에 가난한 사람들을 위한 사업임을 내세우지 않아도, 약자들을 위한 일이기 때문에 웬만한 것은 신뢰로 잘될 줄 알았다.

너무도 순수한 마음에서 늘 시공사를 대했으나 그들은 거의 일 년여 동안 수없이 우리 직원을 괴롭히고 속이는 과정에서 나 또한 몸과 마음에 많은 상처를 입어야 했다. 심지어 그들도 이제 곧 하늘나라에

갈 텐데 '어떻게 하나님의 얼굴을 볼 수 있을까?' 하는 생각이 들 정도였다.

시공업무를 시작한 이후 하루도 편한 날이 없었다. 매일 날아오는 시공사의 클레임 레터에 공사는 뒷전이고 그들의 주장을 글로 그것도 영어로 레터를 만들어 내야하니 그야말로 심신이 피곤하였다. 한국에서 오신 농학박사님이나 축산박사님은 영농, 축산업무가 잘 돌아갈 수 있도록 최선을 다할 테니 시공에서 오는 어려움은 잠시나마 잊으란다.

하지만 마을의 인프라사업인 건설 사업은 본 사업의 중요핵심이다. 사업비용도 많이 들지만, 마을 전체 주민들의 생활환경, 교육환경을 획기적으로 개선시키고 이를 발판으로 더욱 축산과 영농분야가 발전될 수 있기 때문이다. 그래도 나를 위로해주시는 분들이 고마웠다. 한국인뿐 아니라 직원들, 그리고 지역공무원들도 마찬가지였다.

시공의 어려움이 일 년 이상 지속되던 어느 날 직원들은 내게 야유회를 가자고 제안했다. 사실 이곳 아프리카는 서울에서처럼 변변한 유희 시설물도 없으니 선뜻 갈만한 곳을 찾지 못하였다. 직원들은 대뜸 모로고로에서 한 시간 떨어진 미쿠미 국립공원에 가잔다. 그곳은 각종 야생동물들이 서식하는 곳이다. 사자, 코끼리, 기린, 물소, 하마 등 우리나라의 동물원 우리에서나 볼 수 있는 동물들을 길거리에서도 흔히 볼 수 있다. 워낙 지대가 넓고 동물들이 물을 따라 이동해야 하니 국립공원 담장을 만들 수도 없다.

　나는 시공회사문제로 너무 힘들어 마지못해 가면서도 그날의 분위기를 깰 수 없었기에 애써 태연해야 했다. 출발일인 토요일에 사무실에 도착하니 직원들이 하나둘 모이기 시작하였다.

　그런데 직원들의 차림이 평소와 아주 달라졌다. 공무원 정년이 2년 남은 무왐보 씨는 양복으로 깨끗이 갈아입고 카메라까지 들고 오지 않았는가? 다른 직원들도 마찬가지였다. 깔끔한 옷들로 갈아입고 모두들 즐거운 분위기였다.

　무왐보 씨의 차림은 마치 1970년대 나의 어린 시절, 서울 남산에서 만난 모처럼 서울 구경 나오기 위해 말쑥이 차려입은 시골신사의 모습을 연상하게 하였다.

　그러고 보니 모로고로에 도착한 후 얼마 되지 않은 어느 날, 이곳 미쿠미 국립공원을 다녀오면서도 별 감흥 없이 다녀왔었는데, 순간 그동안 직원들의 마음을 알아주지 못하고, 일 년 반이 넘도록 사업소에서 같이 일하는 직원들을 위한 배려를 하지 못한 것이 미안하기만 하였다.

　모처럼의 바쁜 일과를 뒤로 하고 재잘거렸다. 사업소의 야유회의를 겸하여 갔으니 자연 업무얘기도 나왔다. 즐거운 야외 분위기에 맞지 않는 나의 즉석연설에도 불구하고 직원들은 따뜻한 답사의 말로 나를 위로하였다. 그들은 사업이 종료되는 그날까지 함께 노력하여 사업이 은혜롭게 마무리될 수 있도록 최선을 다할 것이라 다짐했다. 때론 말라리아나 장티푸스로 결근을 자주하는 그들에게 나는 일 못하고 느리고 나를 이해하지 못한다고 무수히 구박을 주었는데도 온 가슴으로 다 받아내며 오늘날까지 버텨온 직원들의 모습을 보니 그들은 정말 나의 인생의 스승이었다.

▼ 마을에서 작업지시를 하고 있는 사업소 행정직원 엘리 씨(외국기관에서 일한 경험이 많아 내게 큰 힘이 되었다. 그녀는 인도에서 대학교, 본국 탄자니아에서 대학원을 졸업했다.)

5부

속삭임

새벽 아침, 모로고로 호텔에서 바라본 우루구루 산

새벽 산책

　나는 한국의 새마을운동과 선진기술 전수를 위해 왔으니, 자연 내가 일을 리드해야 한다. 하지만 탄자니아 직원들과 공무원들은 나와 생각과 행동방식이 전혀 달랐다. 일을 시키는 나도 이를 따르는 탄자니아 사람들도 서로 어려워하고 일의 능률도 안 오르니 업무결과가 제때에 나오는 것이 없었다.

　탄자니아 공무원, 현지직원은 모두들 날 현지실정을 모르는 이방인 취급하며 사사건건 날 설득하려 들었다. 사업이 늦어지고, 어려움을 겪으니 내 자신은 하루하루 피가 마를 지경이었다. 사업 초기만 해도 한국인은 오로지 나 하나였다. 사무실에는 탄자니아 직원들 7~8명과 함께 일하니 수적으로 생각하면 내가 그 사람들 말대로 해야 하는게 맞는지도 모른다. 현지에서 채용한 직원들을 아침회의 때마다 다

그치고 몰아세우며 혼자 펄펄 뛰는데도 그들은 미동도 않고 나의 응석(?)을 잘도 받아낸다. 약 7개월을 이렇게 생활하고 일시 귀국하여 건강진단을 받아 보니 당뇨병이 생겨버렸다. 스트레스 때문이란다.

교회는 다니지만 평소 기도는 어쩌다 가뭄에 콩 나듯 하는 내가, 맡은 사업진행에 어려움을 겪는데 하소연할 사람도 없으니 어쩔 수 없어 하나님께 속삭이듯 기도하기 시작했다. 그 당시 나의 유일한 즐거움은 새벽 산책시간이었다. 운동이 당뇨를 조절하는 지름길이라는 의사의 권유에 이참에 새벽 산책을 시작하였던 것이다. 새벽 6시경 어렴풋이 밝아오는 산기슭을 올라가기 시작하면서 나 혼자 중얼거리며 주기도문을 외우기 시작한다.

▲ 새벽 산책을 위해 걸었던 뒷산 오르막 길

주기도문을 외우게 된 사연은 이렇다. 아프리카 탄자니아에도 신기하게도 한국의 기독교방송이 텔레비전으로 나온다. 어느 날 프로그램 중에 어느 아줌마 보험사원이 판매가 제대로 안 되어 실직위기에 몰리던 어느 날 하나님께 도움을 요청하였단다.

고객을 방문하러 가는 길 도중에도 수없이 주기도문을 외우고 기도한 결과 판매왕이 되었다는 간증을 들은 적이 있다. 나도 그 아줌마를 따라서 산에만 오르면 일단 주기도문부터 소리 내어 외우기 시작한다. 그러면 나의 어려움도 다 풀릴 것 같았다. 걸으면서 지난 일을 곰곰이 생각해 보기도 하고, 앞날을 걱정하다가는 이렇게 불합리한 세상이 또 있나 하는 생각이 들었다. 제 울분에 못 이겨 길을 오르내리다 하늘을 향하여 두 손을 번쩍 들고는 크게 "주여" 하고 외친다.

창피한 것도 없다. 우리나라 말을 알아듣지 못하니 가끔 지나가는 행인들도 이상한 외국인이라고 물끄러미 보지만 아랑곳하지 않았다. 크게 외친 "주여"는 새벽 흰 구름으로 덮인 우루구루 산에 부딪쳐 메아리가 되어 온다. 거의 일 년 동안 계속 새벽 산책에서 주기도문을 중얼거리고 "주여"를 외쳐보아도 해결 기미를 보이지 않으니 답답하기만 하였다.

아프리카에서의 삶 자체도 적응이 안 된 상태에서 사업 중반기에 이곳에 오신 한국인 전문가들 사이에 업무 때문에 서로들 감정이 예민하여져서 가끔 언어충돌이 있었다. 이러한 각자의 감정을 내게 하소연하기도 한다. 또한 한국인 전문가와 현지직원과의 충돌로 어려우면 탄자니아 직원들도 그들의 어려움을 내게 하소연한다. 난 그래서 하나님께 직원들을 위로해달라고 기도한다. 순간 나는 주님에게 물었다. 그럼 나는 누구에게서 위로를 받아야 하나요. 그럼 주님이 날 위로해주셔야지요. 왠지 눈에서 눈물이 글썽거렸다.

여호와는 나의 목자시니 내게 부족함이 없으리로다. 그가 나를 푸른 풀밭에 누이시며 쉴 만한 물가로 인도하시느니라.

－ 위로받고 싶을 때 읽었던 성경구절

군청 사무실에서

처음 현지에 도착하여서는 사무실 공간이 확보되지 못했다. 탄자니아정부가 미리 준비했어야 하지만 현실은 그렇지 못했다. 정해진 사무실이 없으니 도착 이후 3개월 동안 보험 판매원처럼 이 책상 저 책상을 전전하면서 일해야 했다. 그러던 어느 날 창고로 쓰이던 낡은 건물을 지정받았다. 하는 수 없이 현지직원, 군청공무원과 함께 보수해야만 했다.

원조사업자금 50억 원을 집행하러 온 외국 손님을 이렇게 무시하다니……. 사실 이러한 나의 분노는 이내 수그러들어야만 했다. 모로고로 군청 사무실 농축산과는 허름한 책상 숫자보다 공무원이 더 많았다. 그들도 사정이 이러하니 10여 명이 사용할 공간을 내노라 해도 현실적으로 불가능한 일이었다. 약 3주간 직접 내부자재, 타일, 페인

트칠, 전기 등을 가설하여 헛간 수준의 창고를 산뜻한 사무실로 만들었다.

참으로 우여곡절 끝에 창고 내부를 새로운 사무공간으로 꾸미고 사무가구도 사고 컴퓨터 등도 갖추었다. 사무실 개원식엔 모로고로 도지사가 참석하여 축하해주었다. 그리 큰일도 아닌데, 지역 방송국에서 와서 도지사에게 마이크를 들이대며 인터뷰도 했다. 나는 모로고로에 계신 선교사님 가정도 초대하였다. 박용우 선교사님이 대표로 사업의 은혜로운 진행을 위해 축복기도를 해주셨다.

다르살렘에는 건설하다 만 채 뼈대만 앙상한 크고 작은 빌딩이 널브러져 있는 것이 수없이 많다. 건설 환경이 서로의 불신용과 어려움으로 제대로 되는 공사가 많지 않다는 것을 알 수 있었다. 그들은 마치 이리떼들이 며칠 굶다가 먹잇감을 만난 것처럼 덤빈다. 탄자니아 사람들은 미래를 중요시 여기지 않는다. 언제 어떻게 될지 모르는 인생, 그래서 한번 만난 외국인들은 그들의 좋은 먹잇감이 된다. 이곳 실정을 잘 알지 못하는 외국인들이 와서 대부분 사정을 모르고 일을 하니 오죽하랴!

내 사업에는 학교, 도로, 관개시설 등의 건설도 포함되어 있다. 입찰을 통하여 만난 시공사는 아랍계 외국기업으로 회사등급도 높고 회사를 방문한 결과 많은 장비에 규모가 커서 선택하게 되었다. 하지만 이 회사는 이방인인 우리에게 갖은 속임수와 협박을 가하였다.

아~ 나의 하나님, 이들을 변화시켜 주세요.

가난한 자를 위하여 일하는 이 사업을 하면서 왜 이렇게까지 고통받아야 합니까? 주여 함께하여 주세요! 수없이 기도하여도 그 고난의 터널에서 빠져나오기가 쉽지 않았다.

고난이 온몸을 휘두를 때 나는 사무실 한가운데서 여러 직원들이 있는데도 아랑곳하지 않고 두 팔을 벌리고 큰소리로 "주여" 또는 "Jusus, Christ"를 외친다. 그러면 유난히 목소리가 크고 예수를 잘 믿는 엘리 씨가 "아멘" 하고 응답하여 준다.

행정직원인 엘리 씨가 가끔 나를 위로하여 준다. 이제 미스터 김은 세계 어느 곳에 가도 이겨낼 수 있다고, 고난과 고통이 미스터 김을 강인하게 만들어주고 있다고.

일전에 그녀는 나와 일하기 전, 독일계 원조사업단에서 일한 적이 있다고 한다. 한 독일 컨설턴트는 이런 어려운 탄자니아 근무환경을 이겨내지 못하고 화를 내다 그만 포기해버리고 귀국해버렸다고 한다. 때론 화를 내고, 때론 넋두리 조의 나의 말을 인내하며 다 들어주고, 조언까지 했던 그녀에게 감사한다.

아니 그녀를 만나게 해주신 하나님께 감사한다. 우리의 주님은 이렇게 가난한 사람을 위하여 열심히 하고자 하는 우리를 언제까지 외면하시려 하는가? 기도 응답의 기다림은 일 년을 훌쩍 넘어버렸다.

▲ 사업소로 활용했던 모로고로 군청 농축산과 건물

사람이 감당할 시험밖에는 너희가 당한 것이 없나니 오직 하나님은 미쁘사 너희가 감당하지 못할 시험당함을 허락지 아니하시고 시험당할 즈음에 또한 피할 길을 내사 너희로 능히 감당하게 하시느니라.

- 고난에 낙심될 때 읽었던 성경구절

우루구루 산기슭에서

  모로고로에 처음 도착해서 호텔에 내내 있다가 한 달 반 만에 겨우 독일인 아저씨가 지은 비교적 품질이 좋은 집에서 살게 되는 행운을 얻었다.

  목재 집으로 천장이 높아 집이 늘 서늘하였다. 또한 집이 우루구루 산 중턱에 위치해 있어, 저녁때 부는 산바람이 나뭇가지 소리와 함께 집안으로 들어온다. 홀로 자는 나의 가슴속을 부드럽게 감싸는 하나님의 품과 같다.

  새벽에 온갖 아프리카 새들이 지저귀는 소리는 마치 천국의 천사들의 합창처럼 상쾌하다. 이러한 부드러운 느낌과 상쾌함도 사람들과 부딪치며 겪는 어려움으로 한동안 그 기쁨과 감사를 제대로 느끼지 못하고 생활하였다.

낮에 어렵고 힘든 시간을 보낼수록 일찍 잠자리에 들어버린다. 모든 것을 그냥 잊고 쉬고 싶을 뿐이었다. 자리에 누워서 내가 한 기도가 있다. 침대에 누워서 반듯이 두 팔을 하늘을 향해 뻗는다.

"하나님, 저 손 잡아 주세요."
"하나님, 가족을 다시 볼 수 있게 해주세요."
"하나님, 무사히 사업을 마치고 귀국할 수 있도록 해주세요."

나지막이 소리를 내어 기도한 후 잠에 들었다.

▼ 나의 집이 있었던 모로고로의 우루구루 산기슭

이 기도는 거의 일 년 이상 지속되었다. 나의 기도를 하나님이 들어 응답하여 주셔서 그런지, 잠잘 때는 늘 평안한 쉼을 주셨다.

▼ 킬리만자로 산 국립공원 입구

광활한 밭에서 옥수수 수확의 기쁨도 잠시, 여러 가지 크고 작은 사건과 사고 등으로 마을은 늘 시끄러웠다. 마을개발의 물결에 팡가웨 마을 사람들은 들떠 있거나 민원을 쏟아내어 주민들을 달래기 바빴다. 나의 편이 되어야 할 공무원조차도 같이 때론 나를 코너로 몰아붙이니 그야말로 몸과 마음이 완전히 지쳐 있었다. 일생에 이렇게 험한 경우를 당해보지 못한지라 업무는 둘째 치고 내 마음에 큰 상처를 받았다.

일단 험한 아프리카로 가기로 결정한 이후 사업의 성공적인 완성을 위해 기도는 해왔지만, 난 늘 잘해주려고 노력한 현지직원에게까지 고소당하였다. 난 탄자니아 사람을 도저히 이해할 수 없었다. 또한 이를 외면하기까지 하는 공무원의 태도는 더더욱 그러하다.

어느 날 서울에 계신 어머니에게 안부전화를 드렸다. 어머니는 이영무 목사 사모께서 나에 대한 기도를 하고 싶어 기도하였더니, "김선호 집사가 하나님과 은혜로운 동행을 하고 있다"고 하시면서 나의 어머니에게 이야기를 꼭 전해달라고 하셨다는 이야기를 전화로 들으니 나에게 얼마나 큰 위로와 힘이 되었는지 모른다.

▼ 늘 베푸시는 윤봉석 선교사댁 식사 전 기도(최창식 선교사, 김병국 선교사, 코이카자문단으로 오신 이행선 은퇴 교장선생, 새마을팀 등이 참석하였다.)

"고난이 내게 유익이라"는 성경말씀을 예전에는 전혀 피부로 느끼지 못했는데 이곳 탄자니아에서 말씀을 깨달았다. 어느 날 나의 고백에 은혜를 받았다고 최 선교사님이 식사기도 중에 말씀하셨다. 나는 생을 살면서 이제야 겨우 아프리카 사람들의 다양한 고통의 삶에서 오는 고난의 의미를 조금이나마 깨닫게 되었다.

어떻게 보면 나만 이곳에서 특별히 당하는 고통이 아니고 그 속에 살고 있는 선교사나 원조단체를 위해 뛰어든 대부분의 사람들의 삶이 이렇게 고난 중에 살고 있음을 나중에야 피부로 알게 되었다.

나는 고난의 한가운데서 나 혼자 어쩔 줄 몰라 주님께 기도하면서 해결해달라고 매달리다가 급기야 영신교회 온 성도님에게까지 기도를 요청하였다.

아름다운 기도

영신교회 성도님들에게 사업 초기의 풍성하고 기쁨이 넘치는 옥수수 농사이야기를 전해드리길 잘했다. 그 이후 특히 시공사 문제로 어려움을 겪으면서, 무수한 회의와 설전을 벌이고 중요한 결정을 내려야 할 순간이 많았다. 나는 기도하지 않을 수 없었다. 수없이 주님께 묻고 또 묻고 새벽부터 잠들 때까지 순간순간 주님께 답을 구해야만 했다.

영신교회에서는 지금까지 소식을 잘 보내다가 왜 소식이 없는지 궁금해 한다는 어머니로부터의 설명이 있었다. 그런데 옥수수집사라는 별명까지 교회에서 얻었는데, 이제 거꾸로 고난받고 있다고 쓰면서 기도해달라고 요청하자니 편지 쓰기가 너무도 어려웠다. 어렵게 쓴 나의 기도요청에 이영무 목사님이 나에게 주신 답신이다.

답장이 늦었지요.

여기는 제법 초겨울 날씨가 느껴집니다. 이상기온인지 이제 단풍은 한창인데 벌써 산간지방에는 눈이 내렸고 초겨울 날씨를 보이고 있답니다.

시련은 집사님에게만 피해가지는 않았군요. 축복 다음에 오는 시련이 너무나 큰 것 같습니다. 그러나 성경말씀 "사람이 감당할 시험밖에는 너희가 당한 것이 없나니 오직 하나님은 미쁘사 너희가 감당하지 못할 시험당함을 허락하지 아니하시고 시험당할 즈음에 또한 피할 길을 내사 너희로 능히 감당하게 하시느니라"(고전 10:13)대로 반드시 피할 길을 주실 줄 믿습니다.

집사님, 힘내세요. 하나님께서 반드시 도와주실 거예요. 집사님, 모든 짐을 집사님이 감당할 수는 없어요. 그만 하나님께 맡기시고 너무 염려마세요. 다만 우리가 할 일은 주만 바라보는 것이죠. 주님께는 분명 방법이 있고 해결책이 있음을 알기 때문이죠. 집사님, 기도하겠습니다. 교우들과 함께 기도하겠습니다. 많은 분들의 기도가 있으니 조금도 염려마세요.

곧 귀국할 수 있는 여건이 마련되리라 확신합니다.

그럼 다음에는 더 좋은 소식을 기대하면서……

한국에서 이영무 목사 드림

난 사실 2012년 말경 임시라도 귀국할 형편이 되지 않았었다. 그래서 목사님의 귀국확신이란 말을 반신반의했다. 시공사의 터무니없는 요구와 서로간의 언쟁으로 어려운 나날을 보내고 있던 차였기 때문에 탄자니아 체재기간을 오히려 연장해야 할 판이었기 때문이다. 하지만 상황이 급변하더니 시공전문가와 내가 2주간 한국에 귀국하기로 탄자니아 코이카지역사무소 김승범 소장의 결정이 전격적으로 내려진 것이었다.

믿을 수 없는 사실이 벌어진 것이다. 2주간의 한국귀국이 결정된 이후 출국 바로 전날 시공사 사장과 중대한 회의가 있었다.

회의 당일 아침 나는 모로고로에서 선교를 준비하고 계신 박용우 목사님을 게스트하우스에서 만났다. 시공전문가인 김채수 박사가 아침식사 후 바로 기도를 부탁하셨다. 나도 머뭇거리다가 기도를 부탁드렸다. 참으로 좋은 조짐이다. 회의 당일 은혜로운 목사님을 다르살렘에서 뵙다니…….

박용우 목사의 안수기도 후 김채수 박사와 나는 가슴과 발이 유난히 따뜻함을 느꼈다. 박 목사님 얘기로는 성령의 불이 들어갔기 때문일 것이란다. 시공사는 나를 흔들어 대면 적당히 일하지 않고 많은 돈을 벌 수 있다고 생각한 모양이다. 그래서 나는 고난과 온갖 협박을 내게 주고 있는 시공사 사장 등에게 평소 저주를 퍼부었다. 그러나 결국 나는 저주로 해결되지 않을 바에야 하나님이 원수를 사랑하라는 성경

말씀대로 그들을 사랑한다고 기도를 시작하게 되었다.

그동안 비상식적인 시공사와 직접 업무를 수행하며 정신적으로나 육체적으로 힘들어 하셨던 김박사님이 다른 사람으로 교체되는 마당에 평안한 귀국이 될 수 있도록 해달라고 하나님께 기도드렸다. 시공사와 서로 감정의 골이 깊고, 이제 모든 것이 끝장날 것 같은 국면의 출국 전날의 합동회의! 그 사장은 회사 변호사까지 대동하고 그날 회의에 참석하였다. 출입구에서 잔뜩 긴장하고 들어서는 시공사 직원과 사장들을 향해 나는 따뜻한 인사를 건네고, 나에게 갖은 협박을 해왔던 사장을 나도 모르게 안아주었다. 그 포옹은 내게 하나님이 시키셨을까? 그날 시공사 사장은 그간의 모든 협박을 접고 대합의가 이루어져, 앞으로도 고난은 여전히 남아 있었지만 갈등 해결의 큰 줄기가 전격적으로 풀린 것이다.

다음 날 출국에 앞서 너무 허무하게 풀리니 감사가 물밀듯 밀려왔지만 허탈하기까지 하였다. 난 귀국하면서도 문제가 풀리지 않으면 같이 시공감독을 맡으신 박사님이 평안하게 귀국하지 못하게 될 것을 염려하여 기도드렸는데, 그 기도가 이루어졌으며, 나 또한 최소한의 평안한 귀국이 되어 그저 하나님께 감사할 뿐이었다.

이윽고 한국을 재출국한 지 일 년 만에 나의 안위와 사업에 대해 기도해주신 목사님과 성도님들과 그리운 가족을 만날 수 있었다. 귀국 시 잠깐 교회에 머물 때 영신교회 중보기도부의 권사님들, 집사님들, 샬롬

성가대원 등 모두들 반겨줌에 새 힘을 얻을 수 있었다. 정말 목사님과 성도들의 기도대로 하나님이 나와 함께하심을 믿지 않을 수 없었다.

오래 참으면 관원도 설득할 수 있나니 부드러운 혀는 뼈를 꺾느니라.

- 시공사와 협의 전 읽었던 성경구절

▲ 필자의 가족이 탄자니아 방문 때, 모로고로 선교사님들과 함께

6부

만남 그리고 회복

2011년 10월 3일 영신교회 샬롬성가대원들과 야유회 모습
(탄자니아 1차 파견을 마치고 잠시 한 달간 국내에 머물렀을 때, 목정재 장로, 이기평
장로, 차주항 성가대장, 문상국 지휘자, 그리고 기도대장이신 권사님, 집사님들)

휴식 후 재출발

　　2011년 2월 말 7개월 동안 최초 파견 이후 1개월간 국내에 머무르게 되었다. 어느새 한 달이 훌쩍 지나가버리고 나는 탄자니아로 다시 출국해야 했다. 설렘과 두려움이 교차하면서도 아, 무슨 인생이 이렇게나 변화무쌍한 삶을 살까 하는 생각에 많이 아파했다. 탄자니아에 도착한 며칠 후 나는 이상춘 장로에게 2011년 11월 23일 귀한 이메일을 받았다. 한 달 동안 국내에 있으면서 주일예배 시간 때 서로 만났지만 무언가 아쉬운 마음에 이메일을 주신 것 같다.

안녕하세요?

지난주 추수감사절이었습니다.

어제 수북이 쌓인 낙엽을 보며 정말 좋은 친구였구나 하는 생각이 듭니다. 우리가 그늘이 필요할 때 그늘이 되어주었고, 햇빛이 필요할 때 양지가 되어주는 낙엽을 바라보며, 아! 이것이 은혜였구나! 했습니다.

뭔가 듣고 싶은 얘기가 참 많았는데 아쉬웠습니다.

여기는 올해 처음으로 낼부터 한파랍니다.

늘 주님이 좋아하시는 선호 형!!

문득 생각이 나 안부를 여쭙니다. 안녕하시죠……

난 이 장로님의 편지를 받고 무척 기뻤다. 사실 나의 가족조차도 바쁜 한국생활에 이메일 쓸 여유조차 없는 것이 사실이기 때문이다. 저녁식사 후 교회에서 궂은일을 마다하지 않으시는 이 장로님을 생각하며 글 쓰는 동안 잠시나마 위안과 기쁨을 누렸다.

안녕하세요? 이상춘 장로님.

늘 잊지 않으시고 바쁘고 여유 없으신데 불구하고 정성으로 주시는 편지 늘 고맙습니다. 요즘 사업이 바빠 주말까지도 일할 정도입니다. 답장을 너무 늦게 드려 죄송합니다.

잠시 한 달간의 귀국! 너무도 짧은 시간이었습니다. 지인들을 만나고, 가족과도 즐거운 시간을 보냈지만, 다시 출국하려니, 마음 한편 무언가 허전하고, 이게 아닌데 하는 느낌으로 어려운 시간을 보냈습니다. 하지만 저희 교회에 때마침 부흥강사로 오신 양곡교회 지용수 목사님의 새벽부흥회를 아내와 함께 참석하면서 다시 평안과 감사로 발길이 떨어지지 않았던 먼 여행길을 가볍게 떠날 수 있었습니다.

그렇지요. 정말 할 말도 많았고, 무언가 같이 얘기도 나눌 수 있었는데 하는 아쉬움이 저도 많이 남았지요. 한국의 생활, 아니 서울의 직장인의 생활이 삶의 건조한 틀과 삶의 패턴을 잠시 달리할 수 있는 여유나 시도도 없는 나 자신을 발견하였습니다.

이제 사람도 제법 알고, 아프리카의 삶은 더욱 풍성해지고 있습니다. 새벽엔 매일 산등성을 올라 모로고로 시내를 바라보며 평안함을 느낍니다. 지난 주말은 지난 10여 년간 농업으로 이곳 지역주민들과 먹거리를 나누고 계신 윤 선교사님의 아주 작은 시골 들녘 천막교회를 찾았습니다. 아이들의 크리스마스선물로 옷가지 준비와 단기선교자매들의 레크리에이션 시간에 뜨거운 태양도 모르고 즐거운 시간을 보냈습니다. 집에 돌아오니 피곤이 쏟아져서 대낮에 거의 두 시간 이상을 잠을 자야 했습니다만 모처럼 즐겁고 의미 있는 시간을 가졌습니다.

연말이라 그런지 각종 서류처리에 행사도 많고 내년 초부터 본격적인 사업 준비를 위해 마을 온 동네가 바쁠 예정입니다. 저는 더욱 사업에 몰입되고 있는 느낌입니다. 귀국 시 장로님이 어려워하시는 것을 보고 좀 안타까웠습니다.

주님이 함께하시리라 믿습니다.

                              탄자니아 모로고로에서 김선호 집사 드림

▲ 어디론가 이동하는 코끼리 떼(킬리만자로 산 근처의 따렝게레 국립공원)

탄자니아 새해

아래의 글은 이영무 목사님께 필자가 2012년 1월 4일 목사님과 영신교회 성도님들에게 새해인사로 편지를 드린 내용이다. 앞으로 다가올 고난을 예고했을까? 정말 내 생애 어려운 한 해였다. 고난은 축복의 통로라고 얼핏 들은 적이 있다. 과연 나에게도 해당되는 말씀일까?

새해 복 많이 받으세요, 이영무 목사님.

이곳 탄자니아에서 소식 드립니다. 하나님의 시계는 멈추지 않고 영속하여 흐르는가 봅니다. 어느새 또 다른 새해가 밝아 왔군요. 탄자니아 종교는 영국의 식민지 지배기간이 길어 기독교가 많을 것으로 생각됐지만, 워낙 오래전의 인도와 아랍인들의 이주와 영향으로 무슬림이 오히려 기독교보다 조금 많습니다. 또한 종교만이 아니고 모로고로 시의 경우 인도나 아랍계 후손들이 상권을 지배하고 있습니다. 하지만 사람들의 종교에 관계없이 아프리카 이곳도 크리스마스를 큰 명절이라고 생각합니다.

직장인 월급은 크리스마스 이전에 주는 것이 이 나라 법이라는 직원들의 주장에 크리스마스 전날 다 지급됐지요. 하지만 정작 저는 크리스마스 느낌이 나지 않았습니다. 우리나라처럼 크리스마스는 춥고 눈이 와야 하는데, 이곳은 지금 한여름인데다 온갖 벌레, 식물들이 번성하고 과일들이 풍성할 때입니다.

하나님께서는 어렵고 힘든 고난의 아프리카에 크리스마스 날 흰 눈의 아름다움 대신에 먹을거리를 선물로 주신 걸까요?

하여간 저는 지난 연말, 저희 사업마을에서 벌어질 많은 일들을 위해 마무리하고 준비하느라, 외로울 틈도 없이 일하였습니다. 작년 한 해, 많은 시행착오, 고난, 그리고 오해와 어려웠던 일들을 겪으면서 그분들을 조금이나마 이해하게 되었습니다.

이제 모두 앞에 성큼 다가와 버린 새해!

제 앞에도 새해는 새로운 도전과제로 왔습니다. 아프리카는 정말 쉽지 않습니다. 종종 주변 훌륭하신 선교사님과의 교제를 통하여 위로를 받고 있습니다만, 저 혼자만의 힘으로 감당하기 어려운 일들이 많아, 하나님께 해결해달라고 기도하게 됩니다.

교회와 성도를 위해 애쓰시는 장로님, 제가 속한 1부 성가샬롬 성가대 권사님, 집사님, 성도님 서로를 일일이 새해인사를 드리지 못하지만, 새해는 더욱 주님의 은혜가 풍성하시고 온 교회 성

도님의 가정에 하나님의 축복이 있으시길 기도합니다. 또한 저의
사명이 무사히 완성될 수 있도록 기도 부탁드립니다.
                    탄자니아 모로고로에서 김선호 집사 드림

　　나는 살면서 생전 교회에다 기도를 부탁해보지 않았지만, 난 이 글
을 영신교회 온 성도에게 쓰면서도 오히려 나 자신이 위안과 행복을
느꼈음을 부인할 수 없다.

▼ 사업 착공식 날의 장희진 씨(그녀는 군의관으로 파견된 조형래 씨의 아내이자 소아과의사이다.
　　남편과 함께 팡가웨 마을 진료소에서는 마을주민을 그리고 모로고로의 코이카 단원들을 성심으
　　로 돌보았다.)

새날의 축도

나의 기도부탁에 영신교회 이영무 목사님은 나와 나의 사업에 축복해주셨다. 또한 60헥타르의 광활한 옥수수 농장조성을 주님이 행하신 5병2어의 기적에 비유하셨다. 난 목사님의 새해축도가 그대로 이루어지길 기도하였다.

김선호 집사님

이제야 답장을 올립니다. 성지순례 돌아온 이후 너무 바쁜 일들이 많아서 시간을 못 냈습니다. 집사님 편지 받고 나니 너무 기쁘더군요. 정말 대단한 일을 하고 계시다는 생각이 들었습니다. 상상이 안 가는 60헥타르의 넓은 황무지를 개간하여 농토를 만들고 거기에 옥수수를 심어 주식의 문제를 해결한다는 프로젝트는 놀랍기만 합니다. 아마 이런 일은 큰 모험이죠. 믿음이 아니고는 할 수 없는 일이라는 생각이 듭니다.

광야에서 굶주린 무리에게 5병2어의 기적을 베푸셔서 5,000명을 다 먹이시고 12광주리를 남기셨던 주님의 사역이 떠오릅니다. 집사님이 꼭 그 일을 하고 계시군요. "너희가 먹을 것을 주어라"는 말씀처럼 직접 정미소에서 옥수수 가루를 사다가 나누어 주시는 집사님이 너무 자랑스럽습니다. 보내주신 사진을 보니 너무 큰 감동이 왔습니다. 저들은 절박한 환경 가운데 있지만, 한편으로 너무나도 평화로운 아프리카의 농촌 모습을 보는 것 같군요. 멀리 보이는 구름은 목가적이기도 합니다. 그러나 저들의 내면은 피폐해가고 삶은 굶주리고 있다는 것을 생각해보면 우리의 더 많은 기도가 필요한 곳이라는 마음이 듭니다.

탄자니아 모로고로의 옥수수 밭에 흡족한 비가 내리도록 기도하겠습니다. 게시판에 게시해서 교인들이 읽고 기도하도록 했고요. 이번 주일부터는 주보에 광고해서 함께 기도하려고 계획 중입니다. 꼭 승리하리라 믿습니다.

건강 조심하시구요.

이외선 집사님이 커피를 주셨는데 잘 먹겠습니다. 아끼느라(?) 뜯지 않았는데 이제 오늘부터 아프리카 커피의 참맛을 음미해보려고 합니다.

그럼 아마 집사님 생각도 더 나겠지요.

오늘도 주 안에서 행복한 하루가 되시기를 기도합니다.

이영무 목사 드림

▲ 옥수수를 수확하면서 기뻐하는 농민들(약 250톤의 옥수수 수확, 50%의 수확물을 참석비율에
따라 나누었고 옥수수 판매로 현금 이만오천 불의 소득을 거두었다.)

첫 번째 한국 귀국 이후 다시 일 년 만에 그것도 짧은 2주간의 한국으로의 귀국! 아주 짧은 기간이지만 휴가 갈 틈도 없었다. 그간의 일들을 정리하여 회사에 보고 해야 하고 현장으로 같이 달려갈 전문가도 새로 정해야 하는 등 바쁜 날들을 보내야만 했다. 바로 2주 후 다시 탄자니아로 출발해야 하기 때문이다. 그러니 자연 친구나 친인척도 볼 겨를이 없었다.

도착한 다음 날은 일요일이었다. 교회예배에 참석하여 오랜만에 샬롬성가대석에도 앉아보고, 교회성도님들을 뵈니 반갑기 그지없다. 그간 간간이 옥수수 농사에 관해 영신교회 담임이신 이영무 목사님에게 서신을 보냈던 터였다. 평소 교회를 워낙 조용히(?) 다녀 교회에서 잘 알려지지 않았는데 내가 옥수수집사라고 소문이 나 있단다. 하지만 출국한 지 일 년 만에 귀국한 사람이 다시 2주 후에 탄자니아로 들어간다 하니 교우들은 어리둥절한가 보다.

내가 속한 샬롬성가대 대원들도 오랜만에 남자대원이 다시 하나 보충되었는데 바로 나간다니 섭섭해 하였다. 내가 속한 샬롬성가대뿐만 아니라 잠깐 동안의 성도님들과의 만남이었지만 그들의 따뜻한 위로와 덕담은 내게 큰 위안을 주었다.

나의 짧은 귀국기간에 그만 이영무 목사님이 부친상을 당하셨다. 소식을 접하고, 권태영 장로에게 전화를 드렸더니 교회 대부분의 분들은 춘천으로 아침 일찍 출발하셔서 문상을 마치고 돌아오는 길이란다. 발인이 내일인 것을 오후 늦게 사무실에서 알았다. 따라서 같이 갈 사람도 없으니 직접 운전해서 가야만 했다. 그러고 보니 일 년 만에 귀국해 눈 휘날리는 밤중의 춘천 고속도로를 직접 운전해야 하니 주저되었지만 마음 굳게 먹고 운전대를 잡았다.

가본 지도 하도 오래되어 차량에 달은 내비를 의지해야만 했다. 그런데 네비게이터에 장례식장 이름이 나오질 않았다. 하지만 춘천시내로 들어가서 수소문하여 찾을 작정으로 출발하였다. 춘천에 도착하여 몇 번 길을 헤매다 발견한 주유소에서 만난 아르바이트 할아버지는 장례식장이 여기서 가깝다고 친절히 가르쳐주셨다. 그런데 할아버지가 설명한 길로 차를 운전하여 들어가니 깜깜한 산중의 마을도로여서 불안하였다. 하지만 이내 저 멀리 큰 도로에서 차들이 지나가는 불빛이 보이기 시작하고 바로 장례식장을 찾을 수 있었다.

> 믿음이란 불확실한 어둠 속에도 일단 믿고 따르다
> 보면 믿는 대로 이루어지는 것인가 보다.

장례식장에 들어섰을 땐 늦은 한밤중. 서울에 위치한 우리 영신교회에서 조문 오신 분들은 어두워지기 전에 모두들 서울로 되돌아가신 것 같았다. 난 이영무 목사님 부친상의 장례식장에서 목사님 그리고 사모님과 약 한 시간여 동안의 대화를 나눌 수 있었다.

사실 나의 아프리카 사업이야기를 듣고 싶어 하신 사모님과 재출국 전에는 다시 시간을 가질 수 없다고 생각했던 차였는데, 이곳 장례식장에서 긴 시간을 같이했다니 참 믿기지 않았다. 그날의 대화는 멀고도 험난한 생활이 기다리는 아프리카 탄자니아로 재출발하는 나에게 위안과 힘이 되었다.

나의 현 직장, 농어촌공사는 우리나라 전국에 지사가 있고 직원 수가 오천 명이 넘는다. 하지만 해외사업 업무에 일하는 직원의 수는 60명도 안 된다. 모처럼 회사 직원 결혼식에 갔더니 아는 직원 한 분이 반갑게 악수를 하며 한마디 한다. "이제 좀 국내에 있지, 무슨 고생을 그리도 많이 하면서 사느냐"고 웃는다. 그러고 보니 맞는 이야기인 것 같다. 아시아로, 중남미로, 아프리카로, 하나님이 만들어낸 다양한 사람들을 만나고 함께 일하게 하심은 돌이켜 보면 하나님이 나에게 세상을 알게 해주신 기회요, 그것이 하나님이 내게 주신 축복인 것 같다.

▼ 아내 고향인 진주에서 조카들과 함께(진주 유등제 행사 시에 장모님과 처가 식구를 방문하였다. 2011년 10월 9일)

다시 도착한 날

오랜만에 집에 오니 어머니와 아내는 나를 위해 아침, 저녁으로 정성스러운 반찬과 각종 국, 찌개, 생선 등 늘 바쁜 한국생활에서 쉽지 않은 칙사 대접을 받았다고나 할까? 난 정말이지 고난덩어리 나라, 탄자니아에 다시 가기 싫었다.

그야말로 2주간의 시간은 화살같이 지나버리고 어느새 다시 탄자니아로 출발해야 했던 것이다. 늦은 저녁시간에 공항에 나가는 것도 그다지 유쾌한 마음이 아니다. 나는 외국에 나갈 때 외국 사람들을 위한 선물을 사기 위해 우리나라를 알릴 수 있는 제품들이 많은 인천공항 면세점을 주로 활용한다. 그런데 인천공항의 면세점은 저녁 9시 반 이후이면 대부분 문을 닫아버린다.

웬일인지 아프리카로 향하는 비행기는 심야에 뜬다. 우리나라 국적기나 타 항공사의 비행기도 한결같이 한밤중이 되어야 뜬다. 참 아프리카 사람들은 지지리 복도 없다. 선물을 살려고 해도, 면세점들이 일찍 문을 닫아버리니…….

탄자니아 도착 후 다르살렘에서 2일간 체재 후 사업마을이 있는 모로고로 시로 출발하였다. 다행히 일이 오후 3시경에 끝나니, 여독도 여독이지만 잔뜩 준비해 온 건어물, 양념류, 그리고 모로고로에서 거주하시는 선교사님의 부탁을 받은 것들을 빨리 전해줄 수 있었다.

모로고로로 출발하면서 제법 큰 우리 대형쇼핑몰과 같은 곳에 들려 당뇨에 걸려버린 나의 몸 관리를 위해 각종 잡곡 등 관련 부식 등을 사려고 했다. 마침 그날이 대학교 졸업식 날이어서, 쇼핑몰에는 사람이 가득 차 있어 장보는 것을 포기하고 바로 모로고로로 출발하였다.

차들이 제법 속도를 내는가 했더니, 차가 옴짝달싹도 안 하는 것이었다. 이야기를 들어보니, 약 10여 분 거리의 전방에 버스가 화재에 휩싸이는 큰 사고가 난 것이었다. 돌아서 갈 길이 없으니 약 2시간여를 그 자리에서 기다려야만 했다.

이제 아프리카에 왔다는 것을 실감해야만 했다. 세 번째의 탄자니아 입성을 축하하는 세레모니치고는 정말 힘든 시간이었다. 모로고로 집에 도착하니 저녁 10시 반, 지친 몸에 라면 하나 끓여먹고 이내 잠에 빠져버렸다.

아침 6시 피곤한 몸이지만, 새소리 닭소리에 잠이 깨었다. 상쾌한 아침이다. 이내 나는 아침운동을 실천하기로 하고 밖으로 나갔다.

벌써부터 산길에는 과일이나 채소를 팔기 위해 시장으로 향하는 아낙네와 학교 가는 아이들이 보이기 시작하였다. 산에서 수확한 바나나를 바구니에 담아 장에 나가는 아낙네, 학교를 가기 위해 걸어 내려오는 아이들이 내게 인사한다.

"시카모"(어른에게 하는 인사말)

한 노인은 걸어 내려오면서 나에게 눈웃음으로 인사를 한다. 그들은 게을러서 못사는 것이 아닌 듯했다. 그들이 불친절해서 못사는 것도 역시 아닌 것 같다. 그러면 무엇이 그들로 하여금 질병과 배고픔, 가난에 지쳐 힘겨운 삶을 살아가게 하는 것일까?

▲ 축산센터 방목장 펜스 설치를 위해 주민들과 함께(우로부터 나의 직장동료이며 시공감독관인
  안성수 차장, 그리고 유기문 농학자문관)

은혜로운 마무리를
소망하며

2012년 12월 3일 나는 사업 마무리를 위해 다시 7개월 동안 탄자니아에 파견되었다. 짧은 귀국에서 가족과 함께하고 교회의 따뜻한 교우들과 대화를 나누고 다시 출발하니 비록 짧고 바쁜 2주간의 날이었지만 많은 사랑과 은혜를 가슴에 담고 다시 가벼운 마음으로 탄자니아에 올 수 있었다.

도착하면 해결하고 이루어내야 할 과제가 많이 남아 있다. 마을의 공공시설인 초등학교, 마을도로, 생활용수 공급, 마을회관, 축산센터 등을 제시간 내에 완공해야만 한다.

또한 작년에 이어 올해는 더 넓어진 80헥타르라는 광활한 면적에 농민들과 함께 옥수수와 해바라기를 심어서 수확하는 작업을 지원하는 일을 해야 한다. 또한 마지막으로 마을 주민들의 소득과 영양보충을 위해 염소, 닭, 소를 보급하고 축산센터운영을 지원해야 한다.

이러한 많은 일들을 위해 모로고로 군청 공무원, 현지 채용한 탄자니아 직원, 그리고 마을 주민, 한국인 전문가들이 함께 고민하고 해결해나가야 한다. 모두들 최선을 다한다고는 하지만 쉽지 않다.

마을 주민들 대다수가 교육을 제대로 받은 적이 없어 사업 이해도가 매우 떨어진다. 너무 가난하여, 식량이 확보되지 않은 주민들이 많아, 일부 사업소에서는 일을 위해서는 식량 등을 지원해야 한다. 물론 사정이 이렇다 보니 우리 사업만을 위해 전념해달라고 하는 것도 무리다.

또한 먹는 것이 부실하니 아픈 사람들이 자주 발생하여 사무실은 물론 마을의 공동작업도 더디다. 하지만 이러한 현상은 이곳 아프리카에서 사는 보통사람들이 경험하는 일상생활이다. 나만의 유별난 어려움이 아님을 깨달았다.

오직 하나님께서 이분들을 움직여 내가 맡았던 사업이 최소한의 성과가 나고 이를 계기로 이 마을이 발전될 수 있기를 기도한다. 한국정부에서 지원하는 국민의 귀중한 세금으로 가난한 탄자니아 팡가웨 마을의 사업이 하나님의 간섭으로 보다 은혜롭게 마무리되길 기도한다.

탄자니아에서 경험한 나의 고난이 내 신앙을 더욱 굳게 하였던 것은 사실이다. 어린아이가 넘어져 상처가 났을 때 울면서 부모에게 약

발라달라, 위로해달라 떼쓰듯이 나는 힘들 때마다 하나님께 그저 졸랐다. 이곳의 긴 과업을 마치고 한국에 다시 귀국하게 되면 하나님께 그토록 응석부려야 할 상황이 일어나지 않기를 기도하지만 앞으로 우리에게 전개될 미래의 상황은 그 누구도 모르지 않는가?

내게 다가왔던 탄자니아 고난의 잔상은 내 가슴속에 묻혀 있어 아프리카 사람들의 삶과 고통을 조금이나마 이해할 수 있는 기회도 주셨다. 또한 하나님은 나의 서투른 기도에도 응답하여 주셨다. 아파했던 나의 영혼을 늘 따뜻하게 감싸주신 하나님이 나와 늘 함께 더 가까이 하시길 소망할 뿐이다.

▲ 사업착공식날 팡가웨 초등학생들에게 둘러싸여 환하게 웃고 있는 코이카 새마을단원 한수진 씨
(글쓰기가 무엇인지도 모르는 나의 과테말라 이야기를 감수하여 주었다.)

과테말라가
다시 날 부르나?

　　난 이곳 탄자니아에서 있으면서, 일이 고통스럽고 힘들 때면, 과테
말라에서의 2009년까지 2년간의 긴 사업여행을 되새기며 글을 쓰기
시작하였다.

　　라틴아메리카의 중미에 위치한 과테말라의 생활은 초기 스페인
어 등 여러 어려움이 있었지만, 그래도 무난하게 사업을 끝낼 수 있었
기에 기쁨과 어려움이 함께한 추억의 시간이었다.

　　탄자니아의 생활이 거의 2년째로 접어든 어느 주, 연속 3일간 나는
과테말라 소식을 접하게 되었다.

　　첫째 날, 갑자기 코이카 중남미팀에서 내가 시행한 사업의 후속사
업을 계획 중인데 사업계획서를 한번 만들어달라는 주문이 이곳 멀리
탄자니아에 있는데 이메일로 날아왔다.

둘째 날, 과테말라 체재시절, 귀국 전까지 한 달에 한 번 교제하던 홍근식 목사님으로부터 어려운 상황에서 벗어날 수 있도록 기도요청의 이메일을 받았다. 과테말라의 즐거웠던 생각만 하던 나에게 하나님은 무슨 메시지를 주려고 하신 걸까? 서울에 있는 아내에게 사유를 설명하고 기도를 부탁하였다.

셋째 날, 최근 여러 가지 어려운 일로 힘들어하던 날, 식사준비조차 하기 싫었다. 그래서 윤 선교사댁에 나의 저녁식사를 부탁드리고 그 댁으로 찾아갔다.

윤 선교사댁에는 이미 한국에서 온 손님 세 분이 있었다. 그분 중 한 분이 나를 어디서 많이 보았다고 한다. 그녀는 이내 나를 알아보았다. 과테말라 사업을 끝내면서, 간단한 기록물 영화를 만들었는데, 그분은 그 기록물영화를 통해서 나의 얼굴을 알았던 모양이다. 그런데 그분은 2011년도 8월에 내가 시행하였던 사업의 종료이후에 한국국제협력단이 외부기관에 의뢰하여 평가하는 사후평가단의 일원으로 과테말라에 다녀왔단다. 그날 저녁식사 후 다녀왔던 이야기로 꽃을 피웠다. 함께 고락을 했던 현지직원, 공무원, 그리고 마을 주민들의 이야기를 들으니 시간이 과거로 다시 돌아간 듯했다.

3일 연이어서 과테말라와 연관된 메시지와, 과테말라에 출장 갔을 때 나의 손때가 묻은 마을들을 직접 다녀온 사람을 탄자니아에서 만나니 정말 신기할 따름이었다. 그날 저녁 내 머릿속은 온통 과테말라에서의 어려움조차도 추억이 되어버린 옛 생각에 잠까지 설쳤다. 아마도 하나님은 날 위로하시려고, 지금의 힘든 상황을 잠시나마 잊어버리라고 과테말라에서 있었던 즐거웠던 일들을 회상할 수 있도록 역사하신 것 같았다.

하나님의 뜻이 무엇이실까?

그러고 보니 과테말라 한인교회에서 예배가 끝날 때마다 일어서서 부르던 파송의 노래가 생각났다.

너의 가는 길에 주의 평강 있으라
평강의 왕 함께 가시니
너의 걸음걸음 주 인도하시리
주의 강한 손 널 이끄시리
너의 가는 길에 주의 축복 있으리

▲ 탄자니아 타보라 지역 유엔사업 마을 방문 때 초등학생들과 함께한 필자

아프리카 탄자니아로 사업여행을 결정하고 나서 처음 탄자니아 땅을 밟았을 때 나는 많은 생각과 고민으로 가득 차 있었다. 아시아에 비해 확실히 열악한 환경, 모든 것이 이질적이어서 몸도 마음도 선뜻 받아들이기 어려웠다.

모로고로 사업지구에 도착해서도 지역공무원을 만나고 거기에서 이미 활동하고 있는 한국인 선교사들도 만나고 했지만, 어쩐지 정이 가지 않아 태연한 척하면서도 속으론 힘들어했다. 막연한 불안감과 두려움은 이전의 과테말라 사업관리자로 2년간 파견되었던 그때보다도 훨씬 그 무게감이 심하였다. 그러한 무게감이 다양한 형태의 고난과 어려움으로 내게 다가올 줄은 상상하지 못했다.

위로와 새 힘이 끊임없이 필요했다. 사업을 책임진 사람으로서 나에게 준 사명을 완수해야만 했기 때문이다. 한없이 넘어지고 건강까지 해쳤다. 나의 중심에 하나님이 없었으면 어떻게 되었을까 생각하니 소름이 끼친다.

　이 책을 탈고하기 며칠 전 코이카에서 이 사업의 책임을 맡고 있던 한국국제협력단의 동아프리카팀장 나현 씨가 젊은 나이에 업무회의 도중 갑자기 쓰러져 병원에 계시다가 그만 유명을 달리하셨다. 작년 잠깐 귀국했을 때 그녀를 만났다. 아프리카 사업 때문에 참 힘들다고 어려움을 내게 토로했다. 작년 이 사업이 어려움에 처해 있을 때 직접 탄자니아까지 날아와 문제를 해결하기 위해 함께 고민했다. 탄자니아에서 그녀의 부음 소식을 들은 며칠 동안 나의 몸과 마음이 아팠다. 지면을 통하여 그녀가 하늘나라에서 위로의 하나님을 만나고 영원한 안식을 누리시기를 간절히 기도한다.

　이곳에서 만난 코이카 사무소장 오성수 씨, 그리고 이후 부임한 김승범 씨, 부소장 김진영 씨는 어려운 사업을 맡아 힘들어하는 내게 큰 힘과 지원을 주셨다. 또한 전문가로 파견되셨던 시공 김채수 박사님, 농학 안희성 박사님 그리고 축산 신기준 박사님의 열과 성의가 사업이 완성도 있게 수행되는 데 힘을 더했다. 이후 구원투수로 전격 파견된 회사동료 안성수 차장님 그리고 황길연 건축소장님은 시공 부문을 맡아주어 많은 회복이 되었다. 또한 힘들고 어려울 때 늘 조언을 아끼지 않으신 코이카 유기문 농학자문관님, 이행선 교장선생님, 새마을 김영관 선생님, 군의관으로 온 조형래 선생 부부, 그리고 아름다운 코이카 봉사단원들은 진정 따뜻한 선배, 동료이자 친구였다.

아름다운 영혼들과의 만남으로 나는 위로를 받았고 그들의 기도 때문에 내가 탄자니아에서 버틸 수 있었음을 고백한다. 이분들과 함께한 훈훈한 이야기를 자세히 책에 담지 못하여 못내 아쉽다. 지난 2년간 영신교회 믿음의 식구들과 이곳 모로고로 선교사님들의 중보기도에 감사할 뿐이다.

김선호

1960년 서울에서 출생했으며 단국대학교 토목공학과, 성균관대학교 경영대학원을 졸업하고, 최근 경희대학교 국제대학원 국제개발협력전공 박사과정에 입학하였다.

주한미군 도서관, 대명콘도 정보관리실을 거쳐 1995년 한국농어촌공사에 입사한 후 국제개발협력 분야 중 농촌개발 전문가로서 생활용수 · 관개 · 농촌개발 분야에서 일했다. 2003년 캄보디아 농업환경조사사업 해외출장을 시작으로 아프리카의 탄자니아, 르완다, 모잠비크, 앙골라 등과 아시아의 캄보디아 · 베트남 · 라오스 · 방글라데시 · 아제르바이잔 · 우즈베키스탄 · 몽골 · 연해주 · 필리핀, 중남미의 과테말라 · 아르헨티나 · 브라질 · 파라과이의 국제개발협력 분야 중 해외농업개발 및 투자, 해외농촌개발 등에 관한 자문과 사업에 참여하고 있다. 국제개발협력의 사업관리자(Project Manager)로서 한국국제협력단(KOICA)의 난민정착지원 및 교육강화사업(2000~2009)을 위해 과테말라에서 근무하였다.

현재 한국국제협력단 모로고로 농촌종합개발사업(2011~2013)의 사업관리자로 탄자니아에서 근무하고 있다.

대개도국 공무원의 농업농촌개발 관련 강의 경험이 있고, 저서로는 『과테말라에 입맞춤을』과 논문으로 「해외농업개발 활성화를 위한 콘텐츠 개발」 등이 있다.

탄자니아에서의 속삭임

초판인쇄	2013년 10월 30일
초판발행	2013년 10월 30일

지은이	김선호
펴낸이	채종준
기 획	이주은
마케팅	송대호
디자인	김혜림

펴낸곳	한국학술정보(주)
주 소	경기도 파주시 문발동 파주출판문화정보산업단지 513-5
전 화	031) 908-3181(대표)
팩 스	031) 908-3189
홈페이지	http://ebook.kstudy.com
E-mail	출판사업부 publish@kstudy.com
등 록	제일산-115호(2000.6.19)

ISBN	978-89-268-5326-9 03230